公立中高一貫校
入試シリーズ

公立中高一貫校 適性検査対策問題集 作文問題

書きかた 編

実戦力アップ!

文章を読んで書く作文
じっくり解法を身につける

東京学参
gakusan.co.jp

はじめに～この本について

この本が気になっているみなさんのほとんどは、公立中高一貫校の受検を考えているのだと思います。「作文問題の勉強を始めよう」とか「作文の対策はどのようにすればよいのだろう」、場合によっては「作文いやだなぁ……」と思っているかもしれませんね。全国に150校ほどある公立中高一貫校の多くで、文章を読んだうえでその内容を参考にして作文を書くという問題が出題されています。今までの適性検査対策用の学習書は、ある程度作文の基本ができているうえで、適性検査問題を演習するというレベルのものがほとんどでした。そこで、今回このような「入門編」の問題集を作りました。

この本の位置づけ

公立中高一貫校受検を目指すみなさんの中でも、これから作文問題の勉強を始めようかと考えている、または適性検査の作文問題が苦手でどのように書けばよいか悩んでいる、そんなみなさんのために書いた本です。

ですから本書には演習問題は多くありません。むしろ問題数を減らし、そのかわり一題ごとの解説をていねいにしっかり書きました。この本で「読むこと」そして「書くこと」の方法を身につけ、そのうえでいろいろな問題と向き合ってくれればと思います。

この本の使い方

この本は二つの部に分かれています。

第1部は、0章のみの構成として「文章を書くにあたっての基本のキホン」から説明し、文章を書くのに慣れるためのトレーニングをする内容になっています。

第2部は、「適性検査対策」にしぼった内容になっています。1章「作文問題の分析」、2章「読む」、3章「書く」の順番に合格のために必要な力を分けて説明しています。**第1章**では「適性検査作文問題の分析」をしています。私立中学校の読解問題とも違うし、学校の作文とも違う、公立中高一貫校の適性検査の特徴。この本ではまずは国語的な問題にしぼって知ることから始めます。その際、「作文問題ってどんな問題？」「検査問題ってどうやって作られるの？」という視点から説明をしていきます。次に**第2章**では「読む」ということについて書いていきます。公立中高一貫校の適性検査では、一つまたは二つの文章が出されて、それらを読んだうえで自分の考えや意見を作文する出題が多く出されます。ですから、作文をする前にまずは「読む」ための力が必要なのです。「どのように読むか」を皆さんに知ってもらうのが目的です。**第3章**は「書く」です。これら三つの章で学んだことを一つにまとめるにはどうすればよいかを書いたのが**第4章**です。実際の適性検査は時間との勝負ですから、どのような手順で問題に向き合えばよいのかの一つの方法を提案しています。これは私の教室で教えている方法ですので、あくまでもこのような方法もあるよ！という提案です。みなさんの身につけた方法、塾に通っているならそこで学んだ方法を優先しても構いません。作文問題に苦戦しているようであれば、コツの一つとして覚えることで、苦手を克服するきっかけになるかもしれませんね。最後に**第5章**として、みなさんが演習するための問題を四問掲載してあります。学校ごと(都道府県ごと)にいろんなタイプの問題があるので、それに対応して出題してあります。ていねいに解説しているので、みなさんは第4章を参考にしながら演習してください。慣れたら自分の受検する学校の過去問を演習してみましょう！

さらに力をつけるために

この本の中でも書いてありますが、「読む」「書く」というのは経験が多いほど身についていきます。「この本の位置づけ」でも書きましたが、しっかりていねいな解説を目指したので、扱う問題数は多くありません。この本で基そやコツを身につけたら、ぜひ「公立中高一貫校適性検査対策問題集作文問題トレーニング編」で練習してください。こちらは演習のための問題集ですので、問題数も多く、テーマごとに分類もしてあるので、どんどん書いて練習するにはおすすめの問題集です。何度も書いて書き直し、より良い解答を作るためにぜひぜひ活用してください。

保護者のかたへ

この問題集は、お子様が一人で学習できるように意図して制作しましたが、学習を進めるうえで、助言される場面もあろうかと思います。そうした指導上の補助的な要素として、「サポートのポイント」を、各ページの下欄に設けています(問題掲載ページを除く)。必要な場面でご参照ください。もちろん、お子様自らがお読みになっても、十分参考になる内容となっております。

目次

※**使用上の注意点**

・実際の検査問題から掲載した内容の表記は、出題時のものに合わせてあります。

・巻末の別冊には、第4章と第5章で掲載した作文問題の解答用紙と記入例を収録。さらに、第0章や第3章で紹介した作業シート類を収録しております。一部の内容は、弊社HPの商品ページよりデータのダウンロードが可能です。

第1部

文章作成トレーニング

第0章

文章作成の基本のキホン

まず前半では、適性検査対策の前に、作文に関して知っていなければならないことの確認をしましょう。作文用紙の使い方や、文章の基本的なルールです。とはいえ、この本は適性検査対策の参考書ですので、適性検査で求められる文章、つまり「論理《ろんり》的な文章」を書くにあたってのルールです。「感情・気持ちを表現する文章」の場合はさまざまな表現方法もあります。しかし、適性検査の作文で書くことが求められる文章は、「相手にわかりやすく(読みやすく)伝わる文章」ということを意識してください。

各学校の適性検査の設問の中に指示がある場合はそれに従《したが》わなければなりませんが、たいていの場合は以下に書くことを守ればよいでしょう。

文章を書くときの基本的な心がけ四箇《か》条

「文」というのは「。」で終わるまでの言葉のひと続きの集まりです。まずは「文」についての注意事項《じこう》から見ていきましょう。

一・一文は短く！　主語と述語は一つずつ

一文（一つの文）が四行も五行も……場合によっては、一つの段落《だんらく》の文章が一文だけになったりしていませんか？　基本的に一つの文には主語と述語が一つずつであるのが良いです。主語と述語が二組の文もできなくはありませんが、分けて接続語でつなぐ方が良いでしょう。よく見られるのは「〜で、〜で……」とずっと続く文章です。読む人がどこで切ればよいのかわかりにくいですよね。

✕ よくない例

「ぼくが今まで読んだ中で最も心に残っている本は『動物農場』という本だが、この物語は、人間が経営している農場でひどい扱《あつか》いを受けている動物たちが反乱を起こし、人間たちを追い払《はら》い、動物たち自身で平等な農場をやっていこうとするが、だんだんと不平等になっていくという話だ。」

↓

◎ 修正例

「ぼくが今まで読んだ中で最も心に残っているのは『動物農場』という本だ。この物語の内容は次のようなものだ。人間が経営している農場でひどい扱いを受けている動物たちが反乱を起こす。人間たちを追い払った動物たちは自身で平等な農場をやっていこうとする。しかし、だんだんと不平等になっていく。」

サポートのポイント

「Aは○○だが、Bは△△だ。」など、対比させる場合は一文に主語―述語が二つになることも多いです。「なるべく一文を短く！」を意識させつつも、あまり厳格にしすぎないようにしてください。

二．文末は統一する

文末の形には、「だ／である」と「です／ます」があります。まず、第一に作文の中ではどちらかの形で統一されていなければなりません。適性検査の解答としての作文の場合「だ／である」の形で書く方が良いでしょう。「だ／である」と「です／ます」の両方が混在している場合（与えられた文中からの引用や誰かの発言などの引用の場合は構いません）、減点対象となってしまいますので気をつけましょう。

よくない例

「私が一番好きなスポーツはバスケットボールだ。ドリブルで相手チームの選手を抜き去《さ》る瞬間《しゅんかん》が最も気持ちよいです。シュートが決まる瞬間に、ボールとゴールのネットがすれる音が聞こえるのも気持ちいい。」

↓

修正例

「私が一番好きなスポーツはバスケットボールだ。ドリブルで相手チームの選手を抜き去る瞬間が最も気持ちよい。また、シュートが決まる瞬間に、ボールとゴールのネットがすれる音が聞こえるのも気持ちよい。」または「私が一番好きなスポーツはバスケットボールです。ドリブルで相手チームの選手を抜き去る瞬間が最も気持ちよいです。シュートが決まる瞬間に、ボールとゴールのネットがすれる音が聞こえるのも気持ちよいです。」

サポートのポイント

はじめから文末を「だ／である」に直す必要はありません。混在している場合のみ統一するように促してあげてください。

三・主語と述語の「ねじれ」に気をつける

よくない例

「ぼくの夢はプロ野球選手になりたいです。」

↓

修正例

「ぼくの夢はプロ野球選手になることです。」または「ぼくは将来プロ野球選手になりたいです。」

ここまで一つの文について説明してきましたが、一文だけでは多くのことを伝えられません。これらの文が集まって「文章」になることで、多くのことを伝えられるようになります。（もちろん、短歌や俳《はい》句《く》などのように、短いからこその芸術もありますが）とはいえ、文がただ並《なら》んでいれば文章になるわけではありません。相手に伝わる文章にするためには、文の順番がとても大切です。

四・複数の文を並べる……文章にする

文がいくつか集まったものがかたまりになると文章と言います。ただし、単に文をいくつも並べるだけでは読み取る側はその内容を理解するのが難《むずか》しいのです。「論理《ろんり》的」という言葉がありますが、これは「筋道《すじみち》立てて順番に」というような意味です。面と向かって会話をしている分には、分からないところがあれば、聞く側は聞き直すこともできますし、話す側は言い直すことや付け足して説明することもできます。しかし、文章で書くということは、読み手が読み始めてから修正や補足《ほそく》をするわけにはいきません。ですから、伝えることの順番をしっかり考えてから書きましょう。特に長い文章の場合は、大きなかたまりごとに分けて、それぞれのかたまりにひとつの役割を与えます。これを「段落《だんらく》」といいます。

段落に分ける

　文のかたまりが複数あるとき、それらを内容に応じて分けることが必要になります。その一かたまりの文章ごとに役割《やくわり》を持たせるのです。これを「段落」といいます。つまり段落とは、文章全体を内容ごとに区切ったものといえます。長い文章がずっと続いていると、どこで区切りをつけてよいのかわからなくなりますね。そこで、文字数や内容を考えて段落に分けることで相手に読みやすくするのです。段落は文章全体の中で、その文のかたまりがどのような役割をするのかを考えて作りましょう。とはいえ、書きながら段落をどこで切るのかを考えるのは難《むずか》しいですよね。実はこれにはコツがあるのです。それは、「先に段落構成を考える」ということです。文章を頭からずっと順番に書いていくのではなく、書き始める前に、文章全体の設計図・骨《ほね》組《ぐ》みを決めるのです。それぞれの段落の「小見出し」とその「順番」を考えて、それを並べて全体の流れを作るのです。次に考えた「小見出し」を文にして、そこに肉づけをしてそれぞれの段落の文章を完成させましょう。私が教室で作文の授業をするときには必ず「構成メモ」を先に作るように指導しています。そして、完成させた作文だけでなく、構成メモも一緒に添削《てんさく》するようにしています。

　ちなみに、肉づけをする、つまり段落の内容を詳《くわ》しくするポイントは次の二つです。

サポートのポイント

最近の適性検査では、段落の数や各段落で書く内容を指定する問題が増えてきています。段落構成を決めてから文章を書くように習慣づけておくことが大切です。

・一文に「主語」と「述語」は基本的に一つずつ。（一文はなるべく短くする。）
・「そして」で何度もつなげない。

三文トレーニング／四文トレーニング

これまで、文章とはどのようなものかについて説明してきましたが、まだ作文がうまくいかない人や、受検までの時間がある人は、まず「三文トレーニング」「四文トレーニング」から練習することをお勧《すす》めします。

三文トレーニング／四文トレーニングというのは、三文または四文で一つの話題について文章を書くトレーニングです。

型としては以下の要領で、自分の考えを簡単《かんたん》な文で書きます。

・**三文の場合**➡パターンその1　①自分の考え、②その理由や根拠《こんきょ》、③まとめ
　パターンその2　①話題、②意見・考え、③理由・根拠とまとめ
・**四文の場合**➡パターンその1　①自分の考え、②その理由や根拠、③例や体験、④まとめ
　パターンその2　①話題、②意見・考え、③例や体験、④理由・根拠とまとめ

このような形式で、なるべく単純《たんじゅん》な文章（主語と述語）で書くトレーニングです。（別冊P. 12参照）

例えば、「ピーマン」という題であれば

① ぼくはピーマンが大嫌《だいきら》いだ。（自分の気持ちや意見）
② ピーマンは苦くておいしくない。（理由や根拠）
③ だからピーマンを食べたくない。（まとめ）

という具合です。難《むずか》しくないでしょう？

三文／四文トレーニングができれば、初めの一歩は踏《ふ》み出せました。これができれば、そのそれぞれの文章を段落《だんらく》の内容として各段落の文章を肉づけしていくのです。

トレーニングで書いたそれぞれの文が各段落の中心文（中心の内容）となり、もう少し詳《くわ》しい内容になるよう文の数を増やしていけば段落ができていきます。

先ほどの三文をもとに話を少しふくらますと、

① ぼくはピーマンが大嫌いだ。すべての食べ物の中でいちばん嫌いだし、そもそも食べ物だとは思えない。
② その理由は何と言っても、あの口に入れたときの苦みだ。かむほどに口の中に苦みが広がる。特に生のピーマンは、苦みだけでなく草のようなにおいが口の中に充満《じゅうまん》する。
③ ピーマンを食べずに一生を過ごしていければよいが、なかなかそういう訳《わけ》にはいかないだろう。どこかで克服《こくふく》しなければならないことは何となく気づいている。その時が来るまでは、何とかピーマンを口にすることなく生活をしていきたいと思う。

サポートのポイント

「とりあえず書いてみよう」と声をかけても、子どもたちは書き出しで手が止まってしまいます。まずは会話をしながら段落分けを手伝ってあげるとよいでしょう。

　実は、普段の会話の中で興味を持っているテーマについて情報を整理してあげることはとても有効です。「そうなんだ！」「なるほど！」「もう少し詳しく教えて」などの声かけで話したくさせるのがコツです。

といった具合です。

本当はもう少しコツがあるのですが、それらについては、第二部の「読む」と「書く」の章で詳《くわ》しく説明します。

最初はテーマを考えるのに悩《なや》んでしまうでしょうから、こんなテーマではどうでしょう？　五つほど挙げておきますね。書いたら誰《だれ》かに読んでもらいましょう。お父さんやお母さん、お兄さんお姉さん、おじいさんかおばあさんでも構いません。友だちとテーマを決め、同じテーマで書いて読み合うのもよいですね。

テーマを決めて、いろんな文章を書いてみましょう。（別冊P.14にトレーニング作文用シートあり）

三文／四文トレーニング
テーマ1　「ぼく／わたしが好きな（きらいな）教科」
テーマ2　「日曜日をどのように過ごしたいか」
テーマ3　「図書室にマンガを置くことに賛成か反対か」
テーマ4　「中学生になったらどんな部活動に入りたいか」
テーマ5　「なぜ受検をしようと考えたのか」

サポートのポイント

その他に、「書写」をすることもオススメです。ちなみに私の教室では、短めの新聞記事やコラムを時間を計って写させています。コツとしては、「なるべく長いフレーズを頭に入れて書き写すこと」。一文の長さなどが体感されてだんだんと感覚が身につきます。

作文用紙の使い方

最後に作文用紙の使い方です。適性検査では、解答用紙の使い方が「注意」として書いてある場合もあります。特に頭に入れておくべきことは次の文章の通りです。

　段落のはじめはひとマスあけます。そして、行の最後に句読点（。や、）が来た場合は、一行目の最後のように、一番下のマスの中に入れましょう。
　次の段落に変わるときは、前の段落の最後の文章の句点（。）から下はあけておき、次の段落のはじめをひとマスあけましょう。「」や句読点も一文字として数えます。それぞれ一マス使います。ただし、カギ括弧の中の文の最後の。が、その行の一番下のマスにある場合は。」というように、一マスの中に両方入れるようにしましょう。

第2部

適性検査対策入門

第1章

適性検査作文問題の分析《ぶんせき》

みなさんが「作文」と聞くとどんなものを思い浮《う》かべますか？　「遠足や修学旅行」や「夏休みの思い出」「将来《しょうらい》の目標」などについて書いたことはありませんか？　公立中高一貫校で出題される、いわゆる「作文問題」のほとんどは課題作文であり、むしろ小論文《しょうろん》といわれるような自分の意見や考えを主張するような問題になっています。論説文や小説文などを読み、その上でそれらの文章の内容に対して自分がどう考えたかを相手にわかりやすい文章で答えなければなりません。ですから、作文を書けるようになる前に、文章をしっかり読むことが身についていなければなりません。文章をしっかり読むというのは、文章のどこに何が書かれているかを探すような読み方ではなく、作者（著者《ちょしゃ》、または筆者ということもある）が「どのようなことを伝えたいのか」という内容を理解し、そのうえで作問者（その文章を使って問題を作った人）のメッセージを読み取るような読み方です。もちろん、作文問題の前に、指示語が指す内容を答えるとか、言い換《か》えの部分を答えるような問題なども出題されますが、やはり配点が大きいのは作文問題なのです。

では、このような作文問題をもう少し詳《くわ》しく形式や内容で分類してみましょう。

●形式での分類

まずは出題形式での分類です。これは与《あた》えられる文章の種類による分類です。なかには、新聞の記事を作成する問題や、写真やグラフ・表などの資料を与えられて、それについて作文する問題もありますが、この本では扱《あつか》わないこととします。（自分が受検する学校でそれらの資料が与えられる作文問題が出題される場合、このシリーズの「資料問題編」をお勧《すす》めします。）この本では、与えられた文章の内容からみなさんの考え方や意見を作文するものをあつかっていきます。

・**文章が一つの問題**……次の内容のところに挙げたような文章が一つ与えられ、その文章のメッセージを理解して自分の考えを書く問題。

・**文章が複数の問題**……共通のテーマについての異《こと》なる文章が複数与えられ、それぞれの文章での立場や考え方を比較《ひかく》して、そのテーマについて自分の考えを答える問題。

●文章の種類による分類

次に文章の種類・内容は以下のような種類があります。

・**論説《ろんせつ》文／説明文**……作者が読者に対し、直接的に伝えたいことについて記述・説明している文章。客観的な事実を伝えているものが説明文。筆者の考えや意見・主張を伝えているのが論説文。

サポートのポイント

適性検査の文章は、新書から選ばれることが多いです。ジュニア向けのものでも大人向けのものでも構いません。子どもが興味を示したものを読むように促しましょう。共通のテーマについて、複数の作者のものを読むのも効果的です。

・**インタビュー**……一つのテーマに沿《そ》って、インタビュワーが質問をし、インタビューを受けた人の考えを引き出したもの。会話文のように表現されているものや、一つの文章にまとめたものもある。

・**エッセイ／随筆《ずいひつ》**……筆者が得た経験や知識をもとに自分の考えや感想を書いたもの。論説《ろんせつ》文よりも気軽な感じの書き方である。

・**小説（物語文）**……作者が架空《かくう》（実在の場合もあるが）の人物を登場させ、その人間関係の中で起こることがらを通じて登場人物の心の動きや成長、感情の変化などをえがき、読者にメッセージを伝える文章。

このような**「形式」**と**「文章」**の種類の組み合わせで作文問題はできています。文章の種類によっては、読むときのコツがあります。コツについては次の第2章「読む」のところで説明しようと思います。また、文章が複数の問題にも解くときにコツがありますので、第5章「演習する」のところの「文章が複数ある問題」で説明しますね。

設問の分析《ぶんせき》

適性検査で最も大切なのは「聞かれていることに答える」ということです。問題を作っているのは、文章の筆者ではなく作問者です。つまり、作問者がみなさんに何らかのことを考えて解答を作ってもらう

サポートのポイント

「なぜ本はたくさん読むのに国語が苦手なのだろう」と生徒の保護者からよく聞かれます。これは読書の仕方の問題です。たとえば小説を読むときに、主人公になりきって、ストーリーの中を駆け抜けるように読んでいるのだと思います。これはこれで正しい読書の一つですが、登場人物それぞれの気持ちなどをじっくり考えるのには向いていません。じっくり考えながら読む読書も早いうちに始めたいところです。

ために、筆者が書いた文章の中の一部を問題の文章として提示しているのです。あくまでも作問者が聞いていることに答えてはじめて問題と答えの関係が成り立ちます。ですから、設問はじっくりしっかり分析しましょう。

しかし、適性検査本番は時間との戦いですから、少しでも時間を短縮できるところは短縮するべきです。そのためには、与《あた》えられた文章を読む前に、何について聞かれているかを頭に入れておくと、読み返す時間が減り時間を短縮《たんしゅく》することができますよね。しかも、設問中に作文(解答)を作るためのキーワードが使われていることが多いのです。この設問中のキーワードがなければ、受検生の解答は視点《してん》がバラバラになってしまい、採点の際に困《こま》ってしまいますよね。

先に設問をじっくり分析して、聞かれていることを頭にインプット。そのうえで、本文の内容をまとめながら読んでいき、作問者が求めている、あなた自身の考えを作文しましょう。実際、何について書くべきかを理解したうえで文章を読む方が、読みやすいし、時間の短縮にもつながりますよ。

では、実際に出題された全国の作文問題のうち、いくつかの設問をみてみましょう。

サポートのポイント

作文問題の演習は、最初のうちは制限時間を設けずに行いましょう。はじめから時間を計って演習してしまうと、全く書けないまま終わることも多く、苦手意識ばかりが植えつけられてしまいます。ある程度記述力が上がるまでは、ゆっくり時間をかけてよいので、しっかり練るように。まずは設問分析をきちんと**行うことを身につけてください。**

サポートのポイント

設問文をしっかり区切って分析することで、要求されている条件をすべてまかなうことが必要です。

この「設問分析」の章で文章に線を入れさせる

↓

区切ったそれぞれで求められていることを聞いて口頭で答えさせるをくり返すことで慣れさせてあげてください。

(1)～(7)省略

(8)　あなたは普段《ふだん》、話を聞くときに、どのようなことを意識して聞いていますか。そのように聞くようになった理由として、これまでの生活体験をあげながら後ろの〔注意事項〕に合うように考えや意見を書きましょう。

〔注意事項〕
○解答用紙2に三百字以上四百字以内で書きましょう。
○原稿《げんこう》用紙の正しい用法で書きましょう。また漢字を適切に使いましょう。
○題名や自分の名前は書かずに、一行目、一マス下げたところから書きましょう。
○三段落以上の構成で書きましょう。
○句読点〔。、〕やかっこなども一字に数え、一マスに一字ずつ書きましょう。また、段落を変えたときの残りのマス目も字数として数えます。

この問題は設問数が多いので、作文問題である(8)についてのみ設問分析《ぶんせき》をしてみましょう。大切なのは、設問文を細かく区切ってしっかり読み取ることです。設問文を区切ると次の三つに分けられます。

①あなたは普段、話を聞くときに、どのようなことを意識して聞いていますか。②そのように聞くようになった理由として、これまでの生活体験をあげながら③後ろの〔注意事項〕に合うように考えや意見を書

きましょう。

さらに③——［注意事項］として五つ、この問題において守るべき作文の形式が挙げられています。

［注意事項］は、解答用紙の書き方など基本的な事項がおもに挙げられていますが、この中の四つめに注目しましょう。「三段落《だんらく》以上の構成」で書くように指示されています。これと設問文を合わせることで段落構成を考えます。

次に設問を詳《くわ》しくみて、**聞かれていること＝答えるべきこと**を確認しましょう。

・①あなたは普段、話を聞くときに、どのようなことを意識して聞いていますか。

→ここでいう「話を聞く」ということは、ただ単に音や声を聞くのでしょうか。文章の流れから、人と「会話＝コミュニケーション」をするということだと考えられるでしょう。本文（この問題では二つの文章が提示されています）を読みながら、聞くときの意識について書いてある箇所《かしょ》の内容をしっかり探しておきます。それをふまえたうえで、自分のしていることをまとめましょう。設問の最後（③の部分）に「考えや意見を書きましょう」とあるので、聞かれていることは「話を聞くときに自分はどのようなことを心がけているかについての考え」ということになります。設問の中で他に求められていることを含《ふく》めますが、一番重要なのはココですね。

・②そのように聞くようになった理由として、これまでの生活体験をあげながら

→①で挙げた自分が話を聞くときの心がけについて、それをするようになった体験を書くことが求められています。特に「普段」「生活体験」と書いてあるので、みなさん自身の生活を振《ふ》り返りやすいですよね。また、作問者は受検者に、この作文を書くことで、新しく始まる中学校生活を前に、そのようなことを考えてほしいということでしょう。

・後ろの［注意事項］に合うように考えや意見を書きましょう。③

→この部分は、先ほどみたように解答を作成するにあたっての守るべき形式と注意事項なのでもう大丈夫ですね。

宮崎県立都城泉ヶ丘高等学校附属中学校　作文

問い一　Aの文章に述べられている「学ぶ」ことに対する考え方に、Bの文章に述べられている考え方を加えて、「学ぶ」ときに大切なことは何かを説明してください。

問い二　あなたにとって「学ぶ」とはどういうことでしょうか。Aの文章とBの文章に述べられている考え方をふまえて、次の条件《じょうけん》にしたがってあなたの考え方を書いてください。

＜条件＞

①あなたがこれまでに体験したことを入れて書いてください。

②Cに示《しめ》された二人のどちらかの言葉（一部で構《かま》いません）を必ず入れてください。

③三百五十字以上、四百字以内で書いてください。

問い一では、二つの文章が与《あた》えられていて、それぞれの「学ぶ」ことについての考え方を結びつけて、「学ぶ」ときに大切なことが何であるかを説明しています。この問題では、二つの文章が選ばれ並《なら》べられた時点で、作問者は問題で聞かれている「大切なこと」について、一定の答えを想定しているはずです。この問題を解くうえでは、それぞれに書いてある「学ぶ」ときに大切なことを意識しながら読むことが大切ですね。

問い二について設問を細かく区切って分析《ぶんせき》しましょう。

㋐あなたにとって「学ぶ」とはどういうことか。
㋑Aの文章とBの文章に述べられている考え方をふまえて、
㋒次の条件にしたがって
㋓あなたの考え方を書く

まず㋐にあるように、求められているのは「あなたにとって『学ぶ』とはどういうことか。」ということです。㋑については、問い一で文章A、文章Bの内容についてまとめてあるので、そこでまとめたことと自分の考える「学ぶ」ということとを関連づけたり比べたりして、自分の考えを展開《てんかい》しましょう。その際、改めて詳《くわ》しくそれぞれの文章の内容を紹介《しょうかい》する必要はないでしょう。「文章Aの〜という部分に……と思った」などという使い方でよいでしょう。また、条件①で自分の体験、条件②でCの二人の言葉を使うということが求められていることも頭に入れてから文章を読みましょう。

東京都立中高一貫校共同作成問題　適性検査Ⅰ（※語句は一部改変）

〔問題1〕藤丸《ふじまる》、藤丸さんというように、同一の人物について、書き分けがされていますが、その理由について、四十五字程度で分かりやすくまとめなさい。

〔問題2〕いろんないき物の生き方をたくさん勉強するといいと思う。とありますが、筆者がそう思うのは、どのようなものの見方ができるようになるからでしょうか。文章1の表現を用いて、「ものの見方。」につながるよう四十字程度で答えなさい。

〔問題3〕次に示すのは、文章1と文章2についての、ひかるさんとかおるさんのやりとりです。このやりとりを読んだ上で、あなたの考えを二十字づめの原稿用紙に四百字以上四百五十字以内で書きなさい。ただし、後の条件と〔きまり〕にしたがうこと。

ひかる―文章1を読んで、「ちがい」ということについて、いろいろと考えさせられました。

かおる―「ちがい」という言葉が直接使われてはいませんが、文章2にもそういったことが書いてあると思います。

ひかる―わたしも、みんなはそれぞれ違っていると感じるときがあります。

かおる―学校生活のなかでも、「ちがい」を生かしていった方がよい場面がありそうですね。

条件　次の三段落構成《さんだんらくこうせい》にまとめて書くこと

①第一段落では、文章1、文章2それぞれの、「ちがい」に対する向き合い方について、まとめる。

②第二段落では、「ちがい」がなく、みなが全く同じになってしまった場合、どのような問題が起こると思うか、考えを書く。
③第三段落では、①と②の内容に関連づけて、これからの学校生活のなかで「ちがい」を生かして活動していくとしたら、あなたはどのような場面で、どのような言動をとるか、考えを書く。

〔きまり〕
○題名は書きません。
○最初の行から書き始めます。
○各段落《だんらく》の最初の字は一字下げて書きます。
○行をかえるのは、段落をかえるときだけとします。
○、や。や」なども、それぞれ字数に数えます。これらの記号が行の先頭に来るときには、前の行の最後の字と同じますめに書きます。（ますめの下に書いてもかまいません。）
○。と」が続く場合には、同じますめに書いてもかまいません。この場合、。」で一字と数えます。
○段落をかえたときの残りのますめは、字数として数えます。
○最後の段落の残りのますめは、字数として数えません。

この問題での作文問題である〔問題3〕の設問では、かなり細かい指示がされています。ひかるさんとかおるさんの会話があり、さらに条件で各段落の構成やそれぞれの書くべき内容が指定されています。設問分析《ぶんせき》を読む前にしていれば、①第一段落を書くのに必要な文章1と文章2それぞれに書かれている「ちがい」を意識しながら読めるし、②第二段落で考えるべき「みなが全く同じになってしまった場合」を考えながら読むことができます。そして、③第三段落の求められている「あなたはどのような場面で、どのような言動をとるか」を考えながら読むことができます。しかも、「これからの学校生活のなかで『ちがい』を生かして活動していくとしたら」というように、場面も限定されています。ここまで指定されているのであれば、あとはいかに自分の考えを論理《ろんり》的に書けるかが点数の差になりますね。

どうですか？　このようにみると、文章を読んだうえで、その文章の感想を書くような問題はあまりありませんよね。むしろもっとしぼった形で「この文章（これらの文章）を読んで、あなたは〇〇についてどのように……」というように、答えるべきことが指定されていることが多いです。これは合否《ごうひ》を決める検査だからなのです。採点をする際、あまりにもみんながそれぞれ自由なことを書いていると、採点は難《むずか》しいですよね。ですから、設問を細かく区切ってしっかりと分析《ぶんせき》をして、「聞かれていることに答える」ことを強く意識しながら作文をするようにしてください。そして、何より文章を読む前に設問をしっかり分析したあと、作文をどのように書くかの作戦を立てながら文章を読みはじめましょう。

〈コラム〉

公立中高一貫校の適性検査で出題されることで作文の勉強をする機会は大きく増えました。しかし、学校教育での作文を教える際の指針も文部科学省からきちんと出されているのですよ。先生向けのものですから、（小学生の）みなさんが読んでも少し難《むずか》しいかもしれません。しかし、採点をする先生たちが学校で授業をするのにお手本にするものですから、ぜひ目を通してくださいね。

※保護者のかたへ

ここでは直接小学生に関係のある箇所のみを抜粋しましたが、お子さまと一緒に勉強をする保護者の方はぜひこのホームページの記事全体を参考にしてください。教員向けに児童の作文指導を行うにあたっての指針ですから、ご家庭でアドバイスをするにあたってのヒントが多く掲載されています。

＜文部科学省補習授業校教師のためのワンポイントアドバイス集＞作文　より　※下記URL参照

次の【よい文章を書くための15か条】は、初歩的なものから高度なものまで含《ふく》まれているので、小学校低学年の生活作文から、高校生・大学生の論説《ろんせつ》文・評論文にまで当てはまる。学年で区切らず、《初級・中級・上級》としているのは、個人差に対応するためである。したがって、書き手の国語力や理解度を見ながら、段階《だんかい》的に提示すること。

（P.45へつづく）

https://www.mext.go.jp/a_menu/shotou/clarinet/002/003/002/010.htm

みなさんは国語の問題を解くとき、どのように文章を読んでいますか？　私立中学の入試問題などを見ると、問題文の量が非常に多く、じっくり読んでいると読み終わる前に時間が終わってしまうくらいの学校もあります。空らん補充《ほじゅう》や指示語の表すものは何かなどの語句を答える問題や選択《せんたく》問題などが多いので、場合によっては全体を読まずに―線部の周辺から答えを探すような解き方をする人もいるくらいです。しかし、公立中高一貫校の適性検査で出される文章は、そこまで長くはありません。問題文をじっくり読んで、文章中に込められたメッセージや、作問者が筆者の文章を借りてみなさんに考えてもらいたいと思っていることが何かをしっかり探し出しましょう。

とはいえ、適性検査は時間との勝負です。それなのにしっかり読んだうえで作文をしなければいけないのですから、のんびりと構えているわけにはいきません。いかに効率よく読むかが大切です。適性検査の作文問題では、「作文をするために読む」のですから、前の章でも書いた通り、きちんと設問分析《ぶんせき》をして、そのうえで設問にあるカギとなる言葉に注意しながら文章全体の流れをしっかり押さえるように読みましょう。

適性検査での問題文の読み方

適性検査の問題で求められるのは、問題文全体を通してのメッセージを正確に読みとることです。客観的文章であれば筆者の主張、小説・物語であれば作者の伝えたいメッセージをしっかり理解する必要があります。問題文は長い文章の一部分を作問者が切り取ったものです。ですから、みなさんは設問へ先に目を通して分析《ぶんせき》することで、作問者が何を考えさせ、答えさせようとしているのかを事前に知っておくのです。そして作問者に聞かれていることと、筆者・作者によって書かれていることを照らし合わせて自分の考えを書くのです。みなさん自身の体験を重ね合わせることが求められる問題に対応することも必要です。（文章の種類別の読み方のコツについては、あとの章で説明しますね。）

このように考えると、問題文をゆっくりしっかりと読んで理解しなければならないのに、時間をかけすぎてはいけないという相反《あいはん》することを両立させなければならないのですから、何らかの対策が必要ということになります。そこで重要なのが、「文章の構造を把握《はあく》する」ということです。文章の構造を理解することは、その文章の要約を作成するベースとなり、要旨《ようし》をつかむことにつながります。

文章の構造とは

「構造を知る」というのはさまざまな分野や場面でなされています。たとえば、人間や動物の身体の構造を知る方法として解剖《かいぼう》という方法があります。解剖して、体のそれぞれの部位を詳《くわ》しく知り、その役

サポートのポイント

文章を読むのには一定のトレーニングが必要です。一方で、トレーニングをしさえすれば読書が得意になるというわけではありません。「勉強」として文章を読むことよりも先に、「楽しみ」として読書をすることができるようにしてあげてください。どちらも成立させるためには、「ゆっくり読む」「考えながら読む」ことが重要です。そのために、読んだ本の反すうと（あとから吟味すること）を手伝ってあげてください。

目を理解し、それぞれがどのように関連しているのかを知ることで、「医学」は発展《はってん》してきました。解剖はちょっと難《むずか》しすぎるでしょうから、おもちゃの車が走る仕組みを知りたいと思ったときに、分解した経験はありませんか。このように、それぞれのつながりを調べるというのを、文章を読む際にも行うことが有効なのです。文章の構造を知る作業です。

では、文章の構造とはどのようなものでしょうか。第一章でも書いたように、文章が集まることで段《だん》落《らく》ができ、その段落が集まることで文章ができ上がります。ですから、「文章構造を知る」ということも先ほどの例と同じで、文章全体を段落ごとに分解し、その段落が果たしている役目を知り、他の段落との関係を理解することが本当の意味での「文章を読む」ということです。

●「フィッシュボーン」

先ほどの解剖の例ではありませんが、私が作文の授業で文章の構造について話をするときは、**「フィッシュボーン（魚の骨《ほね》）」**という絵を描いて説明をします。

「読む」というのは、魚の身を取り除いて骨をむき出しにする作業と似ています。魚全体（文章全体）をそれぞれの部分に分けて（段落に分け）、その身を外していくと骨が出てきます。むき出しになった骨が文章の構造に見立てられるのです。それぞれの骨が各段落の要旨《ようし》（言いたいこと）となります。つまりむき出しになった骨というのが「文章構造」です。「各段落の要旨を論理《ろんり》的に並べたもの」なのです。そしてこれが「要約」ということになります。

サポートのポイント

段落構成に基づいて読むことを「パラグラフリーディング」などと呼びます。仕事や大学で扱う書類やレポートは論理的に構成されていると思います。（そうでないと書き直しさせられますね……。）子どもたちにとっては、段落を意識するというのは

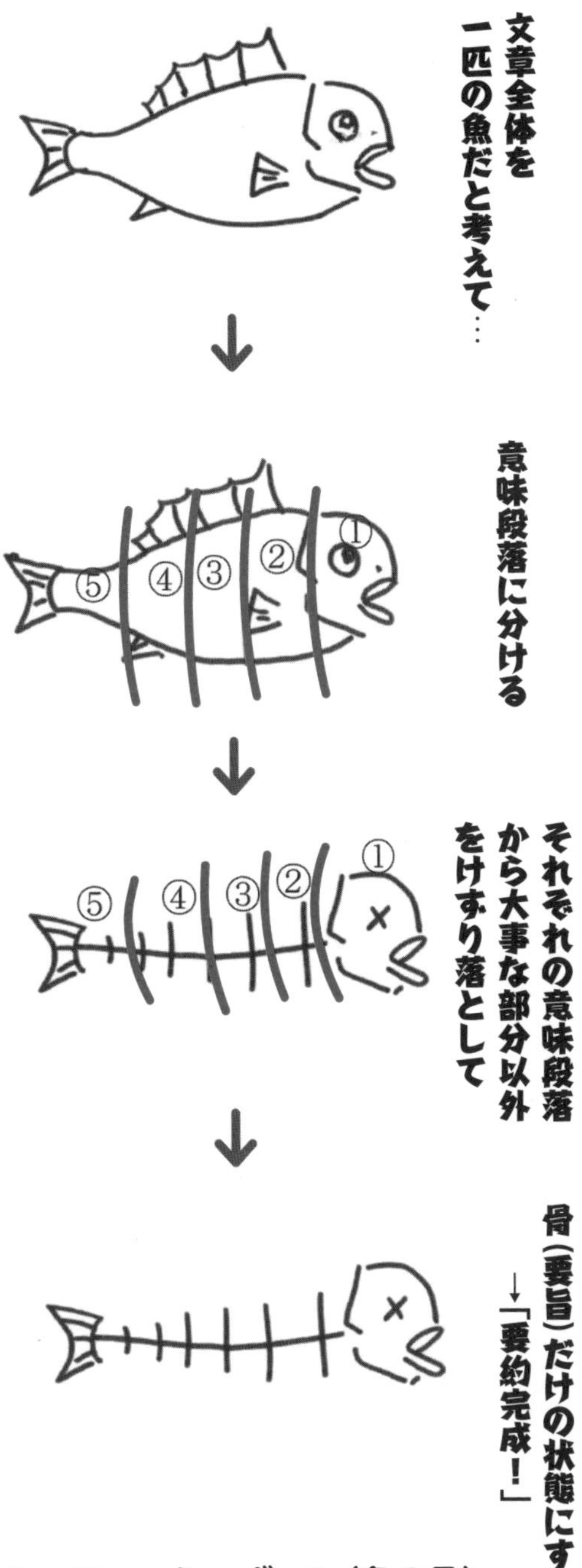
文章全体を一匹の魚だと考えて…
↓
意味段落に分ける
①
②
③
④
⑤
↓
それぞれの意味段落から大事な部分以外をけずり落として
↓
骨（要旨）だけの状態にする
→「要約完成！」

▲ フィッシュボーン（魚の骨）

ですから、みなさんは文章を読みながら、部分の切れ目に印をつけるのがよいでしょう。部分の切れ目の基準は意味段落です。意味段落ごとの切れ目に線を入れることで、どこで区切れるのかをパッと見てわかるようにするのです。そして、その切れ目の線と線に挟《はさ》まれた意味段落の上の部分にメモを書くとよいでしょう。書くのはその意味段落を一言で表した「小見出し」です。要旨を思い出せるように、でもなるべく簡単《かんたん》に時間をかけずメモをするのです。このメモを文で書こうとすると時間がかかってしまいますので簡潔にひとことで書いてください。

この小見出しを順番に矢印でつないで並べると**「文章構成＝（フィッシュボーン）」**の完成です。文章全体の流れが理解できますよね。この作業は次の章の**「書く」**と大きく関係しています。

なかなか難しいことです。最初は意味段落の区切れを教えたうえで、それぞれの段落の内容を聞いてみてください。このときは小見出しを書かせないで、言わせるだけで構いません。それができたら少しずつ自分で意味段落を区切らせるようにしましょう。

第3章 書く

前の章では問題文の読み方について書いてきました。適性検査ですから、解答を書かなければ採点してもらえません。この章ではどのように「書く」ことをすればよいのかについてアドバイスしたいと思います。

公立中高一貫校の問題では、記述で答えるものがほとんどです。例えば、―線部分についての言い換《か》えや書き換えをする問題、理由などを文中から探し出す問題、指示語（「これ」「そこ」「あの」「どちら」などのいわゆる『こそあどことば』）の指す内容を本文から探す問題、問題文の内容についてまとめる「要約」などです。そして何より作文問題です。この章では、それぞれの問題に応じた気をつけるべきポイントをまとめておきます。

客観記述

まず初めに扱《あつか》うのは「客観記述」といわれるような問題です。「客観」の対義語は「主観」といいます。「主観」とは、その人がどう考えたり感じたりするかのことです。ということは、「客観」というのは、自分の考えや感じることではない、誰《だれ》にでも共通するという意味になります。つまり「客観記述」とは、自分の感情や意見を入れないで、事実や本文の内容に書いてあることやそこからわかることだけを記述して答える問題だということになります。

①本文の中の傍線部《ぼうせんぶ》についての問題

・理由記述の解答

理由記述の問題は、本文中に―線などが引かれ、そこに書かれていることについて「～なぜですか」や「筆者がそのように考える理由を答えなさい」などという聞き方の問題です。本文中の―線部が、筆者の主張や考えであるということは、それをみなさんに納得《なっとく》させるための理由が必ずあるはずです。その箇《か》所《しょ》を探しながら、見つけたときには線を引くなどメモをして読み、設問が「～なぜですか」なら「～(だ)から。」、設問が「どのような理由ですか」などであれば「～という理由。」というような文末にしましょう。

・書き換《か》え(同じ意味や内容)

論理《ろんり》的文章では、作者は読者に自分の主張をわかってもらうために文章を書いているはずです。ですから、何度も何度も読者に納得をしてもらおうと説得をしてきます。同じことを言い換えながら、何度も説得してくるのです。また、物語文の場合は比喩《ひゆ》などを使って表現をされることがあります。ですから、「～とはどのようなことですか」や、「同じことを表している箇所を探し……」という言い換え問題、または「このことを説明している」というような問題では、本文中に必ず答えがありますので、設問を先に目にしておくことで、本文を読みながら探すことができます。さらに、一度読んでから探すより、時間も短縮《たんしゅく》できますね。このような問題の解答を書く際に気をつけるべきなのは、「自分の言葉ではなく、

サポートのポイント

適性検査対策を行う前に、長文読解をテーマとしたような問題集でトレーニングしておくことはとても有効です。本文をきちんと読んで内容を理解する習慣を身につけてください。単なる答え探しのテクニックだけが身についてしまうと、そのクセから脱却するのに時間がかかってしまいます。「短い時間で答えを探し出せる」というのは、子どもにとっては「成功体験」として心に刻まれるものです。成功体験を修正されるというのは大人でも嫌ですものね。

本文の言葉をなるべく利用して、文末を設問で聞かれている形式に合わせる」ということです。

②要約(筆者の意見・考えをまとめる)

設問分析《ぶんせき》のところでも書きましたが、与《あた》えられた文章を通して筆者がみなさんに伝えたいこと(その文章を通じて、設問者がみなさんに考えてほしいこと)がどんなことかを答える問題も出題されます。

また、直接的に出題されなくても、作文問題の中で「文章をふまえて」「文章の筆者の考え(意見)をふまえて」などという形で、文章の内容を聞かれる出題がされることも少なくありません。このように、与えられた文章の内容をまとめることを**「要約」**といい、その文章全体を通して伝えたいメッセージを**「要《よう》旨《し》」**といいます。

・「要点」「要約」「あらすじ」「要旨」

要約の問題のポイントの前に、整理しておくべきことがあります。それは「要約とは何か」ということです。そして、「要点」「要約」「あらすじ」そして「要旨」の区別をつけておくとよいでしょう。それぞれを簡単に表すと、

「要点」……その文章の重要な点(主に意味段落《だんらく》ごとにまとめる)。

「要約」……(主に論理《ろんり》的文章で)文章全体の流れを変えずに内容をコンパクトにまとめること。

「あらすじ」……(主に物語文で)話の展開に沿《そ》って、文章中の流れをまとめたもの。

「要旨」……文章全体を通して、筆者の意見や考えをまとめたもの。


といった感じでしょう。「要約」をするためには、それぞれの意味段落ごとの「要点」を抽出《ちゅうしゅつ》(大事な部分

サポートのポイント

作文問題対策とは違いますが、「新聞要約ノート」もオススメしたいところ。ノートの見開きを使い、左ページにその日気になった新聞記事を貼り、右側のページに要約と記事について思ったことや考えたことを書きます。読むときは、その記事中の大切だと思ったところなどを、記事に直接線を引いたり囲んだりしながら読み進めます。要約しなければいけないので、短すぎる記事は選ばないこと。(それ以上要約するのは無理ですから……。)考えは長々と書く必要はありません。ただし、「かわいそうだと思いました」とか「すごいと思いました」で終わらせないようにしてあげてください。「どういうところが?」とか「自分だったらどう?」などと添削して、思考を深めてあげてください。交換日記のようで楽しいですよ。

だけを引き出すこと）してそれぞれの段落の「要旨《ようし》」を作ります。これを「小見出し」のようにまとめましょう。次にこれらの「要旨」を論理《ろんり》的に並べてつなぎます。ここで前の章で書いた「フィッシュボーン」が活躍《かつやく》します。

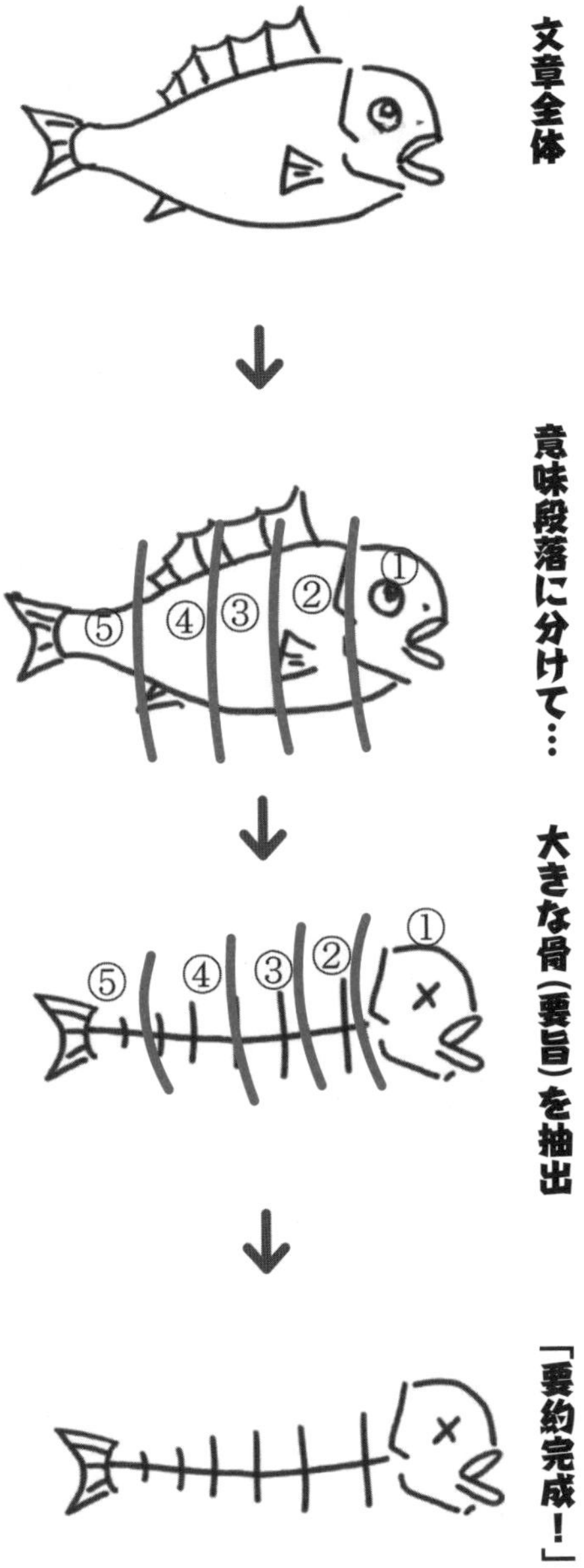

このように、それぞれの段落の「要旨」を矢印でつなげて一つの「作者が伝えたいこと」の流れができれば「要約」の完成です。

作文問題（主張・意見・考え）

みなさんが「適性検査の作文問題」というとき、頭に思い浮《う》かべるのはこの作文問題ですよね。たいていは①や②のような客観記述の問題のあと、最後に出題されることが多いです。もちろん、客観記述がなく、いきなり作文問題のみが出題される学校もあります。いずれにせよ、自分がどのように考えたかを記述する力はこれからの世の中では必須《ひっす》の能力となっていきますし、大学受験でも記述力が要求される傾向《けいこう》にあります。

ということで、「作文」の書き方について説明していきましょう。

前章の「読む」では与《あた》えられた文章の要旨《ようし》をつかむポイントについて説明しました。実は、「書く」ことは「読む」ことと表裏なのです。読むときに、文章全体を意味段落《だんらく》や場面で区切り、それぞれの意味段落や場面ごとに小見出しをつけて内容をまとめて、全体の流れをつかむことで要旨（その文章で筆者が言いたいこと）を理解する。書くときにはこの反対のことをすればよいのです。つまり、まず自分が書きたいことを決め、その流れを考えて段落構成を考え、それぞれの段落の中心となる文章を作ることで文章全体の骨組《ほねぐ》みを作ります。そのあと、それぞれの段落を肉づけして完成させるのです。

とはいえ、頭の中でいろいろ考えるだけでは、なかなかまとまらないですよね。また、とりあえず書き始めてみても、途中《とちゅう》で全部書き直したくなることなんてありませんか？

そこでお勧《すす》めするのが**「構成メモ」**を作ることです。この「構成メモ」が、前章のイラストの**「フィッシュボーン」**です。

「構成メモ」の作り方

フィッシュボーンのイメージは何となく持てたと思います。では、実際に「構成メモ」を作るコツをお教えしましょう。

サポートのポイント

うちの教室では構成メモを作るのに「構成メモ作成シート」を使っています。「三文／四文トレーニング作文用シート」を利用しても構いません。（別冊P.12～15参照）

構成メモの作り方は、基本的には三文／四文トレーニング（P.13）をもとにした作文と同じです。

・**三文の場合**⬇パターンその1　①自分の考え、②その理由や根拠《こんきょ》、③まとめ
パターンその2　①話題、②意見・考え、③理由・根拠とまとめ
・**四文の場合**⬇パターンその1　①自分の考え、②その理由や根拠、③例や体験、④まとめ
パターンその2　①話題、②意見・考え、③例や体験、④理由・根拠とまとめ

ただし、最近は段落《だんらく》数や各段落に何を書くかの指示や条件が設問内に書かれている問題が多いので、その場合は指示に従うのが最優先《さいゆうせん》です。どんなすばらしい文章でも指示が守れていなければ、採点者は大幅《おおはば》な減点をしなければならないのです。

段落数や各段落に書くべきことが決まれば、それぞれの段落の中心文、フィッシュボーンの大きな骨《ほね》を作りましょう。そして大きな骨（各段落の中心文）のまわりに書くべきことを箇条《かじょう》書きで書き出しましょう。これが大きな骨の間の小骨のようなものになります。構成メモには各順番関係なく箇条書きにしておいて、あとから順番を整理すればよいでしょう。

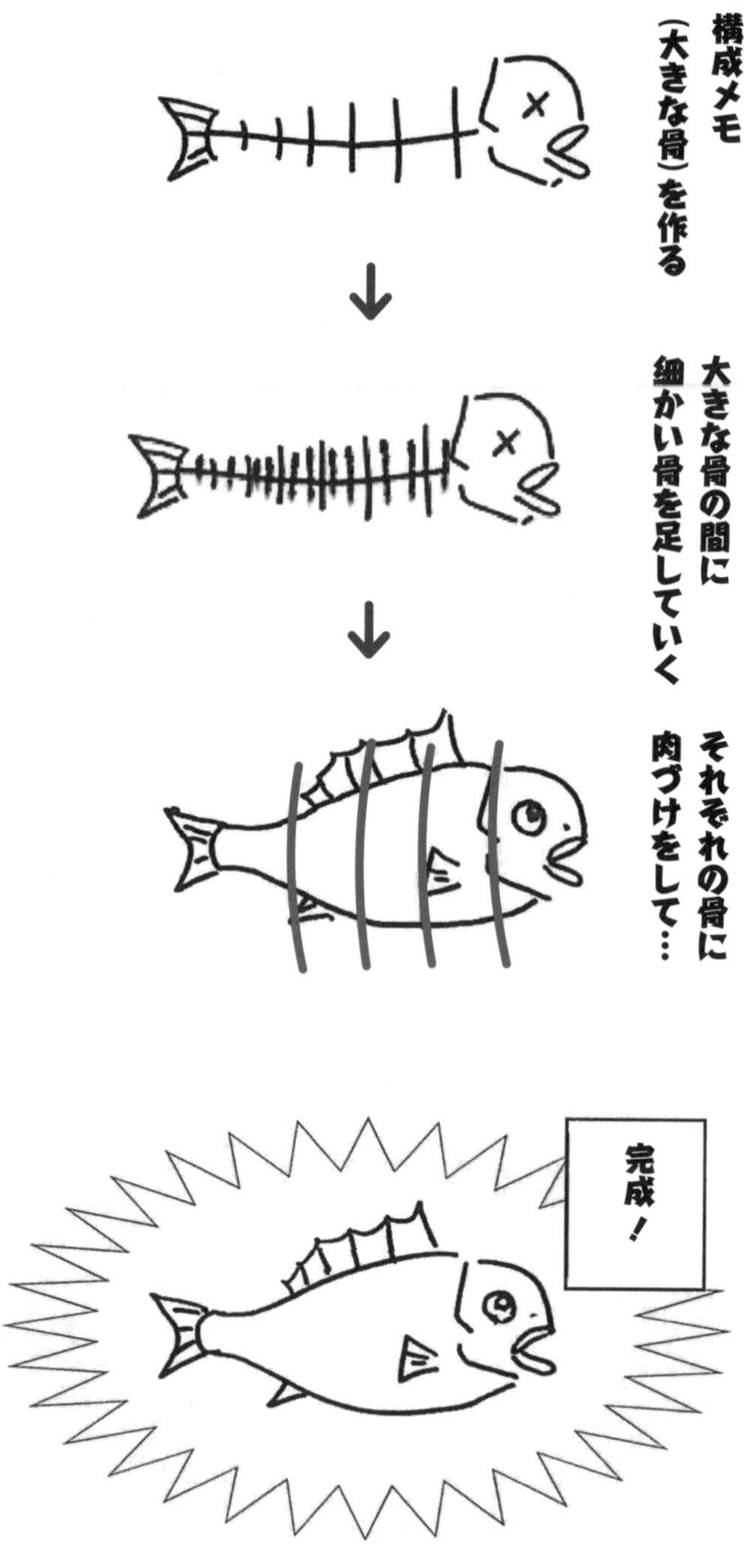
構成メモ
（大きな骨）を作る
大きな骨の間に
細かい骨を足していく
それぞれの骨に
肉づけをして…
完成！

● 聞いていることに「応える」

「構成メモ」を作るにあたり、一番重要なのは、作問者が聞いていることに**「応える」**ことです。あえて「応える」と書きましたが、単に返答をするのではなく、**聞かれていることにきちんと「対応」した答えを書くこと**なのです。今まで指導する中で、作文が得意で実際に文章力のある生徒が得点開示をしたところ、作文の点数がとても低いことがありました。どんなことを書いたのかを聞いてみると、すらすらと書いたことをよどみなく説明してくれました。作文としては非常に良いできだったのですが……設問の意図に対応できていなかったようです。作文が得意な人によくあるパターンで、体験・経験については、

サポートのポイント

はじめのうちは、実際に作文を書き始める前に、聞かれていることの確認をしてから作文に臨みましょう。「この問題で聞かれていることってどんなこと?」などと声かけをしてみてください。書くことが楽しいのが一番！ 作文を完成させたあとに根本からダメ出しをするのはやめましょう。（※六年生後半くらいになって、本人の合格への気持ちがきちんと身についてからは厳しくいきましょう！ うちの教室では五回以上書き直しをしてくる猛者《もさ》もいました。）

とても生き生きと書かれているのですが、出題の意図（自分の意見の部分が聞かれていること）に沿《そ》っていないことは多いのです。体験を書くことばかりに意識が行ってしまい、自分の意見がおろそかになっていることも多いです。「作文問題は体験が重要」と教えられている人も多いのですが、実は設問に体験を書くよう指示がない場合は、体験を書かなくてもよいのです。

どんなにすばらしいことが書かれていても、「問いと答え」の関係になっていなければ採点対象にはならないですよね。答えるべきことの軸《じく》がブレないようにしましょう。

「条件」や「指示」が少ない場合の文章構成

「文章を読み、筆者の考えをふまえあなたの考えを書きなさい」というように、指示が少ない設問だと、構成メモを作るのに少し悩《なや》みますよね。このような問題であれば、まずは文字数によって段落《だんらく》数を決めましょう。目安としては

二百字以内（程度）→設問の指示によるが、段落無しか二段落構成
三百字以内（程度）→二〜三段落
四百字以内（程度）→三〜四段落
五百字以内（程度）→四〜五段落
六百字以内（程度）→四〜六段落

というぐらいです。

段落数の目安がつけば、次にそれぞれの段落の役割《やくわり》を考えて全体の構成を作ります。

第一段落では、筆者の考えをまとめるのがよいでしょう。あらすじや要約ではなく要旨《ようし》です。筆者の伝えたいこと、作問者がこの問題で考えてほしいと思っていることを書き抜《ぬ》くのではなく、自分の言葉でまとめます。設問で指示がある場合はその指示に従《したが》いましょう。四百字以上五百字以内で書くのですから、バランス的には三分の一程度と考えておけばよいでしょう。くれぐれも全体をまとめようとしないこと。聞かれていることではありませんし、文章全部をまとめようとすると文章量が増えすぎてしまい、作問者が採点の際に見たいあなたの考えの部分がきちんと書けなくなってしまいますよ。

次に第二段落と第三段落です。一番文字数を多くするのは自分の考えとその理由や根拠《こんきょ》です。体験例ばかりにならないことも気をつけましょう。ここでは、自分の考えとその根拠が「論理的《ろんり》」に書かれていることが大切です。むしろ、この部分が論理的かどうかを見たいのです。自分の考えを書くときに、筆者の考えを根拠に挙げるのも有効です。具体的に「筆者の考えている……について～」などと書いて自分の考えを展開《てんかい》してもよいのです。

体験はどうする？

また、体験の例が「適切」であることも大切です。体験例を書くというのは、自分の考えの根拠になるような体験を挙げて、自分の考えを採点者に「なるほど」と思わせる「説得力」を加えるためのものなのです。あくまでも、自分の考えがあっての体験例です。体験ばかりで考えが弱ければ点数にはつながりませんよ。

よくあるのが与《あた》えられた文章の要約をし、次に「ぼくも同じような体験をした。○○のとき～」と書き

サポートのポイント

体験が適切かどうかは子どもでは判断できないことも多いです。抽象と具体の変換は「同じ体験」を求めているわけではありません。P.40のサポートのポイントと同様に、はじめのうちは先に問題文に「聞かれていること」を確認し、それに対する考えを聞き、最後に体験をいくつか挙げさせたうえで、「それってこういうところが共通点じゃないかな。」などと、書く体験例を先に決めてあげることも必要だと思います。

本文中の具体例（論理的文章中の具体例、物語文なら登場人物の言動とそのシチュエーション）を読み取る

↓

そこから読者に理解してほしいテーマ（抽象）の抽出

↓

自分自身がテーマを理解している証としての、そのテーマに沿った体験例（具体化）

始める。(与《あた》えられた文章がサッカーについてのものだとして、自分の体験が野球という違《ちが》いしかないことも多い!)そしてその体験についての文章がまるで日記のように長々と書いてあり、最後に「ぼくはこのことから○○ということを学びました。中学校に入ってもこの経験を生かして○○しようと思います。」というように、まとめて終わりのような作文……模擬《もぎ》試験の採点などでよく目にします。**作問者が見たい作文はそういうものではないですよ!**

さて、ここまで段落構成、つまり形式の部分(配分など)について情報を整理しました。次は書く内容についてもう少し詳《くわ》しくみていきましょう。

先ほども少し書いたように、作問者が見たいのは、

・与えられた本を読んだうえでどのように考えたか
・考えの理由や根拠《こんきょ》がきちんと考えられているか
・文章が整理された構成になっているか

です。つまり、考えが「論理的《ろんり》」であるかということです。

適性検査で何百枚もの採点をして点数化するのですから、答えの内容は一定の範囲《はんい》に収まらなければ採点は難《むずか》しいですよね。ですから設問はある程度答えるべきことがしぼられる聞き方をしているはずです。受検者みんなに同じことについて書いてもらうことで、初めて点数化し、比べることができるのです。だからこそ「設問で何を聞かれているのか」が重要なのです。そしてもう一つ重要なのが「作問者がこの文章を通じてみなさんに何を考えさせたいか」というテーマです。そして何より一番大切なのは、

小学生がこの流れを一人で行うのはなかなか難しいですよね。

聞かれていることや、その裏側にある作問者の考えるテーマに対し、みなさんがどのように考えたのかという「あなたの考え」の部分です。自分が与《あた》えられた文章を読んだうえでどのように考えたか、その理由や根拠《こんきょ》です。そしてそれに対応した体験を書きます。恐《おそ》らくみなさんは体験の部分が多くなってしまうと思うので、筆者が特に大切だと書いていることと、その理由や根拠などをまとめてください。

ここまでしっかり構成ができれば、書き始めましょう。考えるのに時間はかかりましたが、書くのにかかる時間は「あーでもない、こーでもない」と考えながら書くときよりもずっと短くなるはずです。書いては消して、書いては消してのくり返しをしないでよいように、しっかり考えてから書き始めるのが作文のコツなのです。

あっ！　書き終わったあとは誤字脱字《ごじだつじ》などのチェックができる余ゆうがあるとすばらしいです。正しいかどうかがあやしい漢字がある場合、ひらがなで書くのではなく、同じ意味で違《ちが》う言葉を使うなんてことも覚えておくとよいでしょう。

〈コラム〉（P.29からのつづき）

【よい文章を書くための15か条】

初級

1 「わたしは／ぼくは」をいちいち書かない。
2 必要のない「そして」を書かない。
3 文（センテンス）を短くする。
4 文脈から判断できる言葉や部分（不要な言葉）は削《けず》る。
5 文末の文体を揃《そろ》える。

中級

6 接続詞を適切に使う。
7 主語と述語を照応させる。
8 係る言葉は受ける言葉の近くに置く。
9 体言止や、…や・・を使いすぎない。
10 漢字を適正に使う。漢語は交ぜ書きしない（例「じゅく語」など）。ただし、平仮名で書く言葉にまで使わない。
11 一つの段落《だんらく》では一つのことを述べる。

上級

12 読点は、意味と音調の両面から判断して打つ。
13 文末の表現を多彩《たさい》にする。
14 書きながら読み返し、音調もよい文章にする。
15 語彙《ごい》・語法に、読み手の注意を引くものを交える。

（注）各項目についての解説は、『気球船』平成15年（2003）1月号以降を参照

＜文部科学省補習授業校教師のためのワンポイントアドバイス集＞作文　より　※下記URL参照

https://www.mext.go.jp/a_menu/shotou/clarinet/002/003/002/010.htm

第4章 問題を解く（やってみる）

ここまで、適性検査の客観記述問題、作文問題に分けて、それぞれどのように問題に向き合えばよいのかを説明してきました。この章では実際の適性検査で出題された問題を使用して、「どのように」本文に手をつけるかをやってみせようと思います。あくまでも「一つの方法として」ですので、みなさんが通っている学校や塾《じゅく》などの先生のやりかたでももちろん構いません。参考程度に読んでみてください。塾に通わずに自力で勉強をしている人や、作文系《けい》の問題であまりうまくいっていない人はぜひ参考にしてみてください。そして、その上で次の章にある練習問題で試してみましょう。

実際の適性検査の作文問題は、「本文＋設問」の順でページが進んでいきます。しかし、この第4章では問題を解く手順に従《したが》って「設問分析《ぶんせき》」→「本文」→「本文に対する作業（メモなど）」→「解説」の順に掲載《けいさい》してあります。その理由は、第1章でも書いたように、みなさんが問題を解くときには、まずは「設問分析」から手をつけてもらうのがよいと考えているからです。実際にみなさんが演習を行う第5章では「本文＋設問」から始まって、解説の一環《いっかん》として設問分析を行っているので、手順にしたがって「設問分析」から始めてくださいね。

設問分析《ぶんせき》

この文章の設問をみてみましょう。このとき、文章を細かく区切って、何が聞かれているのかをきちんと把握《はあく》することが作文問題で最も重要なことです。

> ①筆者は、「なぜ」と疑問《ぎもん》を持ち、確かめたり調べたりする時に何が大切だと言っていますか。また、このことを参考にして、②あなたが疑問を解決する時に大切にしていることについて、体験を交えながら書きなさい。ただし、③文章は四百字以上五百字以内で、三段落《だんらく》構成で書くこととします。

[解答の条件①]

まず―①に「筆者は～「なぜ」と疑問を持ち、確かめたり調べたりする時に何が大切だと言っていますか」と書いてあります。つまり、与《あた》えられた文章全体をまとめるのではなく、「大切なこと」について書かなければいけないということです。

[解答の条件②]

―①をまとめたうえで、このことを参考に―②「あなたが疑問を解決する時に大切にしていることについて、体験を交えながら書きなさい」となっています。ですから、「筆者の考えについてどう思うか」でも「疑問を解決するためにはどうするべきか」でもなく、自分が疑問を解決しようとする時に「○○ということを大切にしている」ということが解答の作文の中心とならなければいけないということになり

サポートのポイント

自学の習慣がついていれば、本人が本書を読みながら勉強することは可能だと思いますが、まだ自分で学び進めるのが難しい場合は、声かけによる誘導が効果的です。

①「設問にいろいろ書いてあるけれど、一番大切なことは何だろう？」

②「どんなことが大切だと思う？」

というような声かけをすることで、頭の中の整理を促してください。

ます。

そして、この問題では――③に「三段落《だんらく》構成」という指示があります。ですから、三つの段落それぞれに何を書くのか考えます。ここまで設問を分析《ぶんせき》したら、実際に文章を読んでみましょう。文章を読むときは「意味段落」に注意して、各意味段落に小見出しをつけ、キーワードに○をつけたり重要な文に線を引いたりするなどしながら読むとよいでしょう。各段落上の小見出しは、↓をつけて並べることで、文章の流れや論理が大まかにわかりますよね。これは後の解説で詳《くわ》しく説明しますね。

では、実際に問題を解いてみましょう。手順は次の通りです。

・設問分析をして得た情報を頭に入れる

↓

・キーワードや聞かれていることに注意して作業をしながら文章を読む

↓

・構成メモ（段落構成・書くべき内容）を作る

↓

・構成メモをもとに作文をする

サポートのポイント

親子や友だち同士で作業したものを見せ合って、注意すべき点をお互いに確認するのもよいですね。

例題　問題

次の文章《ぶんしょう》を読んで問いに答えなさい。

　自然現象は、すべて※物質が※関与していますから、そこで主役を演ずる物質は何かを特定することがまず第一なのです。次に、考える現象が、その物質の性質によるものか、物質の運動や変化によるものかを考えるのです。ときには、その物質が何からつくられているかまで、考えなければならないかもしれません。研究とは、この段階で何が決定的に重要なのかを探《さぐ》りだし、その理由を明らかにし、実験や観察結果を再現すること、といえるでしょう。

　例えば、包丁《ほうちょう》で野菜や魚を切る場面を考えてみましょう。ここにもたくさんの「なぜ」があります。野菜・魚に応じて、包丁の重さや刃《は》の形は異《こと》なっていますね。なぜでしょうか。肉や魚は包丁を引きながら切り、野菜は押して切っていますが、それはなぜなのでしょうか。切れにくい包丁で切ると味がまずくなるといわれるけれど、本当でしょうか。包丁が切れなくなったとき、砥石でとぐとよく切れるようになるのはなぜでしょう。これだけの疑問に答えるには、包丁そのものが何でできているか（鉄かステンレスかによって、硬《かた》さや刃先の形・錆《さ》びやすいかどうかが異なる）、刃先がどのような角度になっているか（切る材料の硬さや※摩擦《まさつ》と関係している）、切ったとき材料の※細胞《さいぼう》はどうなるか（細胞を壊《こわ》さない方がきれいだし味もよい）、砥石でとぐと刃先はどうなるか（鋭《するど》くとがるとともに、鋸《のこぎり》のような小さなすじもつく）などを考えねばなりません。つまり、「切る」という現象には、包丁と材料という物質の性質、刃先の運動、細胞の※化学反応などがからんでいるのです。「切る」という簡単《かんたん》なことなのに、これだけの「なぜ」がからんでいるのです（まだ摩擦については、よくわかっているとはいえません。このような日常現象は、意外に難《むずか》しく、わかっていないことが多いのです）。

このように考えると、「なぜ」に答えるのはそう簡単ではないとわかるでしょう。でも、こんなふうに考えて「なぜ」に答えるのは、楽しいと思いませんか？

（池内《いけうち》 了《さとる》「科学の考え方・学び方」による）

〔注〕
※物質…もの
※関与…関係すること
※摩擦…ものとものがこすれ合うこと
※細胞…すべての生物がもつ、体を形づくるごく小さな組織のこと
※化学反応…ものとものがかかわることで起きる化学的な変化のこと

この文章で、筆者は、「なぜ」と疑問《ぎもん》を持ち、確かめたり調べたりする時に何が大切だと言っていますか。また、このことを参考にして、あなたが疑問を解決する時に大切にしていることについて、体験を交えながら書きなさい。ただし、文章は四百字以上五百字以内で、三段落構成で書くこととします。

【仙台市立仙台青陵中等教育学校】

↓解答用紙別冊P.2

［作業例］

例題　問題

次の文章《ぶんしょう》を読んで問いに答えなさい。

主題　研究とは＝「なぜ」を追求

自然現象は、すべて※物質が※関与していますから、㋐そこで主役を演ずる物質は何かを特定することがまず第一なのです。次に、㋑考える現象が、その物質の性質によるものか、物質の運動や変化によるものかを考えるのです。㋒ときには、その物質が何からつくられているかまで、考えなければならないかもしれません。研究とは、この段階《だんかい》で何が決定的に重要なのかを探《さぐ》りだし、その理由を明らかにし、実験や観察結果を再現すること、といえるでしょう。

具体例「いろんななぜ」

例えば、包丁《ほうちょう》で野菜や魚を切る場面を考えてみましょう。ここにもたくさんの「なぜ」があります。野菜・魚に応じて、包丁の重さや刃《は》の形は異《こと》なっていますね。なぜでしょうか。肉や魚は包丁を引きながら切り、野菜は押して切っていますが、それはなぜなのでしょうか。切れにくい包丁で切ると味がまずくなるといわれるけれど、本当でしょうか。包丁が切れなくなったとき、砥石《といし》でとぐとよく切れるようになるのはなぜでしょう。

「なぜにこたえるために」

これだけの疑問に答えるには、包丁そのものが何でできているか（鉄かステンレスかによって、硬《かた》さや刃先の形・錆《さ》びやすいかどうかが異なる）、刃先がどのような角度になっているか（切る材料の硬さや※摩擦《まさつ》と関係している）、切ったとき材料の※細胞《さいぼう》はどうなるか（細胞を壊《こわ》さない方がきれいだし味もよい）、砥石でとぐと刃先はどうなるか（鋭《するど》くとがるとともに、鋸《のこぎり》のような小さなすじもつく）などを考えねばなりません。つまり、「切る」という現象には、包丁と材料という物質の性質、刃先の運動、細胞の※化学反応などがからんでいるのです。「切る」という簡単《かんたん》なことなのに、これだけの「なぜ」がからんでいるのです（まだ摩擦については、よくわかっているとはいえません。このような日常現象は、意外に難《むずか》しく、わかっていないことが多いのです）。

まとめ

このように考えると、「なぜ」に答えるのはそう簡単ではないとわかるでしょう。でも、こんなふうに考えて「なぜ」に答えるのは、楽しいと思いませんか？

（池内《いけうち》 了《さとる》「科学の考え方・学び方」による）

〔注〕

※物質…もの

※関与…関係すること

※摩擦…ものとものがこすれ合うこと

※細胞…すべての生物がもつ、体を形づくるごく小さな組織のこと

※化学反応…ものとものがかかわることで起きる化学的な変化のこと

この文章で、筆者は、「なぜ」と疑問《ぎもん》を持ち、確かめたり調べたりする時に何が大切だと言っていますか。また、このことを参考にして、あなたが疑問を解決する時に大切にしていることについて、体験を交えながら書きなさい。ただし、文章は四百字以上五百字以内で、三段落構成で書くこととします。

【仙台市立仙台青陵中等教育学校】

解説・解答例

今回の問題の文章の内容をまとめると次のようになります。

［自然現象には物質が関係している（例）］

・主役となる物質を特定する
・その物質の性質によるものか、物質の運動や変化によるものかを考える
・その物質が何からできているのかさかのぼって考える

研究とは、何が決定的に重要なのかを探りだし、その理由を明らかにし、実験や観察結果を再現すること

［具体例］

・「なぜ」＝疑問……切るものによって包丁の重さや刃の形は異《こと》なっている／肉や魚は包丁を引きながら切り、野菜は押して切る／切れにくい包丁で切ると味がまずくなる／砥石《といし》でとぐとよく切れる
・「考えること」＝理由……包丁そのものが何でできているか／刃先がどのような角度になっているか／切ったとき材料の細胞《さいぼう》はどうなるか／砥石でとぐと刃先はどうなるか
・つまり「切る」→包丁と材料という物質の性質、刃先の運動、細胞の化学反応などがからんでいる

このように考えると、「なぜ」に答えるのは簡単《かんたん》ではない。でも、このように考えていくことは楽しい。

ではこの文章をふまえて、作問者が求めていることは何でしょうか？

この文章の筆者である池内了さんは科学者なのですが、作問者はみなさんに科学のことを考えてもらいたいのではありません。みなさんが学校や勉強、スポーツや日々の生活の中で持った疑問に対し、どのように取り組んで解決していこうと考えているか、そしてそのとき何を大事にしているのかということを考えてほしいのです。大事にしているものというのは具体的なものではなく、姿勢、態度、心がけなどですね。もしかしたらみなさんは、そんなことを考えたことはないかもしれません。そこで、何か疑問を解決しようとした経験を思い出してもらうことで、「あぁ、あの時はこんなことを心がけた……」と自分の経験を思い出して、意識を整理させようというのです。

ここまで設問と問題文を読み取れば、あとは作文の構成メモを作り、実際に作文をしましょう。

段落《だんらく》構成については、基本的には聞かれている順に答えるようにするのが最も簡単です。設問の①と②を見てください。①の筆者の大事にしていることを第一段落、②の自分の大事にしているものと体験例を第二段落と第三段落にするとよいでしょう。**自分の大事にしていることと体験は分けて書くのが書きやすいでしょう。**となると、以下のどちらかの構成でいかがでしょう。もちろん、他の構成もできますが、それを考えつくみなさんは作文が得意な人でしょう。この本は作文問題対策の入門編的な内容で

サポートのポイント

この問題の出典の作者である池内了（いけうち・さとる）さんの作品は、やさしい文体で読みやすいです。科学への大切な向き合い方について書かれているものが多く、よく出題されます。他にも外山滋比古（とやま・しげひこ）さんの作品もよく出題されています。こちらは小学生には少し難しめかもしれません。どちらの筆者の作品もチャンスがあれば読んでみるといいですよ。

池内了「科学の考え方・学び方」岩波ジュニア新書
外山滋比古「思考の整理学」ちくま文庫

すから、なるべくシンプルで書きやすい方法を解説していきますね。

構成案その1

第一段落《だんらく》……筆者の考え
第二段落……自分の考え（大事にしていること）とその根拠《こんきょ》や理由
第三段落……体験＋まとめ

または

構成案その2

第一段落……筆者の考え
第二段落……自分の体験
第三段落……体験をふまえての自分の考え（大切にしていること）

構成メモのように段落を分けることを決めたら、次は各段落のボリュームにも気をつけましょう。この問題では文字数が四百字以上五百字以内という指定があります。そこで、各段落の文字数の大まかなバランスを考えます。

まず、第一段落は設問分析《ぶんせき》にもあるように、「筆者が考える疑問を解決するのに大切なこと」という文をふくらませて三分の一程度、またはそれより少ない程度がちょうどよいでしょう。また、体験例についてもたくさん書きすぎてはいけません。あくまでも「あなたが疑問を解決するのに大切にしているこ

サポートのポイント

慣れるまでは、作文を始める前に「構成メモ」に目を通してあげてください。作文が完成してからいろいろと内容について修正をするよりも、構成メモの段階で修正したうえで作文に臨むことで、できたものに自信を持つことができますよね。子どもたちにとっては、作文を完成させるのにはかなり労力を使います。完成してからダメ出しの嵐では、作文好きにはなりませんよね。

と」を論理《ろんり》的に説明するために、説得力を持たせるための体験例です。**大切なのは体験ではなく、自分（みなさん）の考えなのです。**

解答例その1 →別冊P.8参照

筆者は、疑問をもって確かめたり調べたりする時には、何が決定的に重要なのかを見つけ、その理由を明らかにし、結果を再現することが大切だと考えています。この筆者と同じように、私は疑問を解決する時に、原因をつき止めてからその原因をどう活用していくかが大事だと考えています。

以前私は水泳を習っていたのですが、同じような体型なのにどうして速い人とおそい人がいるのだろう、と疑問に思いました。観察してみると、泳ぎ方にちがいがあることが分かりました。そこで、自分でそれぞれの泳ぎ方をまねして泳いでみたところ、速い人の泳ぎ方のほうが水のていこうをあまり受けずに泳げることが分かり、泳ぐスピードを上げることができました。そして、泳ぐスピードがおそかった友達に教えてあげると、その友達もスピードを上げることができました。原因をつき止めることで、自分にも友達にもよい効果を得ることができたのです。

このような体験から、疑問を解決したい時には、まず原因をつき止めて理解し、それをふまえて活用することを大切にしています。

解答例その2 →別冊P.8参照

筆者は、「なぜ」と疑問に思ったことを確かめたり調べたりする時には、何が決定的に重要なのかを見つけ、その理由を明らかにし、結果を再現すること、そしてその「なぜ」を問い続けることが大切だと考えている。

ぼくも筆者と同じように、「なぜ」と思ったことは納得《なっとく》するまでとことん調べることが大切だと思う。さらに調べること自体を楽しむことも重要だと思う。納得するまで調べずに終わらせたら、結局その疑問は解決されないまま終わるが、楽しむことができれば自然とより深く調べたくなるからだ。むしろ無理に楽しもうとしなくても、疑問がだんだん解決していけばどんどん楽しくなっていく。

ぼくがまだ低学年の頃《ころ》のことだ。家の近くの公園でハサミムシを見つけ、変わった形の虫だと思い、その虫の名前も知らないまま時間を忘れてずっと観察していた。母に呼ばれてようやく家に帰ったが、そのあともその虫のことが気になり、夕飯そっちのけで家にある本や図かんをかたっぱしから広げて調べた。その経験により、自分が不思議だと思ったことを納得するまで調べ続ければ、知識が広がると知ることができ、何よりも知ることを楽しめるようになった。

第2部
第4章

第5章 演習する

この章では前章で解説したような手順でみなさんが実際に演習します。適性検査の問題のタイプや形式はいろいろなパターンがありますので、ここではタイプを分けて何題か練習をしましょう。

・論理《ろんり》的文章が一つの問題①
・論理的文章が一つの問題②
・文学的文章（小説）の問題
・文章が複数ある問題

解説も「設問分析《ぶんせき》→問題文を読む→解答作成」の流れに沿《そ》って書いていきます。まず設問分析をしたうえで、本文の内容を含《ふく》めた解説をし、解答例を紹介《しょうかい》します。実際に適性検査の問題を解くときの流れをイメージしながら、みなさん自身の解答と照らし合わせてください。

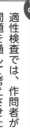

演習1　論理的文章が一つの問題①

文章が一つの問題では、**その文章で作問者が考えてほしいと思っていることをしっかりと読み取る**

サポートのポイント

適性検査では、作問者が問題を通して考えさせたいテーマについて応える（答える）と同時に、作者の考えに対しての解答者ことが重要です。そのためには前章に書いたように、**「設問分析《ぶんせき》」をきちんと行い、キーワードを頭の中に入れて文章を読みましょう。**何について気をつけて読めばいいのかわかった状態で読むのとわかっていない状態で読むのでは、スピードも違《ちが》いますよね。また、「この文章は大切だ！」などと判断するのも、キーワードがわかっていれば見つけやすいのです。

では、何はともあれ解いてみましょう。

まずは適性検査の作文問題で最も多く出題される「論理《ろんり》的文章が一つの問題」です。

論理的文章の多くは、筆者が自分の考えを伝えるために、理由を挙げ、自分と違う立場を検討《けんとう》し、さらにさまざまな具体例を挙げて読者に語りかけ、納得《なっとく》させていこうとしている文章だと言えるでしょう。ですから、読んでいる人が頭の中で整理して、「なるほど」と思うようでなければいけません。そのため、段落《だんらく》が論理的に構成されていて、適性検査で扱《あつか》われる文章の中では読みやすい構造のものだといえます。ただし、そこで展開《てんかい》されている筆者の考えがみなさんの年齢《ねんれい》では少し難《むずか》しめのテーマであることも多いです。また、文章中の言葉も難しいものがよく見られます。文末に脚注《きゃくちゅう》（難しい言葉の意味）が書いてあることもあるので、チェックしながら読みましょう。

の立場をはっきりとさせなければなりません。文章が一つの論理的文章では、作者の主張に対し、「賛成か反対か」というように、自分の立場を単純化することができます。設問分析をしたあとに本文を読んだうえで、「作者の考えに賛成？それとも反対？」などと問いかけ、「何で？」と理由を声かけすることで、お子さんの思考を深めてあげてください。お子さんの立場とあえて反対の側に立ち、お互いに意見を出し合うのもよいでしょう。根拠となる経験も聞き出してください。実際の適性検査で子どもたちにとって最もたいへんなことの一つは内容に合った体験例を思い出すことです。「体験例をテーマごとにまとめておく」という指導もあるのですが、どうしてもキーワードに引っぱられて、問題文の内容から離れてしまうことも多いです。自分の経験の中から適切な体験例を探せるとよいですよね。

問題

次の文章を読み、あとの問題に答えなさい。

（＊印のついている言葉には本文のあとに〔注〕があります。）

やさしさが＊巷《ちまた》に溢《あふ》れている。やさしくない人は＊敬遠《けいえん》される。だからだれもがやさしい自分でありたいと思う。

でも、改めて考えてみると、何がやさしさなのかよくわからない。突《つ》き詰《つ》めれば突き詰めるほどわからなくなる。そんな迷いを抱《かか》える人たちの参考になればと思い、やさしさについていろんな側面から考えてみることにした。

やさしい人が求められる時代のようだ。

男性は理想の女性として「やさしい人」をあげ、女性も理想の男性として「やさしい人」をあげる。

やさしい女性が人気なのは昔からだが、男性にも「たくましさ」より「やさしさ」が求められるようになり、男女ともやさしさが人気の条件になっている。

恋人《こいびと》や結婚相手《けっこんあいて》ばかりではない。肌《はだ》にやさしい、環境《かんきょう》にやさしいなど、人間関係以外でもやさしいことが絶対的によいことであるかのようなイメージがあり、やさしさが大きな価値《かち》をもつ時代と言ってよいだろう。

では、どんな人がやさしいのだろうか。今の時代は、人の気持ちを傷《きず》つけない人がやさしいと言われるようだ。

傷つけられるのはだれだって嫌《いや》なはずだ。こっちが傷つくようなきついことを平気で言う人にはつい身構えてしまうし、そのような人は敬遠したくなる。

人の気持ちを傷つけないように配慮《はいりょ》してくれる人だと、こちらも安心してかかわれる。

でも、そのような配慮の行き届《とど》いた人とのかかわりに、どこか物足りなさを感じることがあるのも事実だ。

傷つくようなことを言ってこないという安心感はあ

るのだが、なんだか距離《きょり》を感じさせるのだ。気持ちが触《ふ》れ合っている感じがしない。

傷つけないように気を遣《つか》うばかりの関係ってなんか淋《さび》しい。そう思わないだろうか。

もしかしたら、「嫌《きら》われたくない」っていう、ただそれだけの思いから、やさしげな態度をとっているのかもしれない。それって、自分のことだけを考えて、＊無難《ぶなん》にかかわろうとしているだけで、ほんとうに親しくかかわる気持ちなんかないということではないのか。そう思うと、なんか心の距離を感じてしまう。

これまでこっちの気持ちを傷つけるようなことを言わない人のことをやさしいと思っていたけど、疑問《ぎもん》が湧《わ》いてきたという人もいる。よく考えてみると、気を遣って＊ホンネを出さないようにしているのかもしれないし、そうだとすると、親しくつき合うようになり、ホンネを出し合えるようになったとき、ほんとうにやさしい人かどうかわからない。

もっと単純《たんじゅん》な状況《じょうきょう》を想定しても、「今、ここで」傷つけないように配慮するのがやさしさなのかどうか、簡単《かんたん》に判断しにくいということがある。

たとえば、服を裏表《うらおもて》間違《まちが》えて着ている人や前と後ろを間違えて着ている人を見かけたとき、指摘《してき》してあげるかどうか戸惑《とまど》うことがある。

その場で傷つけないように見て見ぬフリをするやさしさもあるが、この先さらに恥《はじ》をさらすのを防いであげるためにあえて教えてあげるやさしさもある。

やさしい人がいいとだれもが言うわけだが、このように「人の気持ちを傷つけない人はやさしいのか」という点について考えるだけでも、具体的にどんな人がやさしいのか、どうもよくわからなくなってくる。

ほめてくれればだれだって嬉《うれ》しい。ほめてくれる人は、こちらを気分よくさせてくれる。

でも、いつもほめてくれる人はやさしいのだろうか。

どうしていつもほめるばかりなのだろうか。

人をいい気分にさせてあげたいという思いが、人一倍強いのだろうか。あるいは、ほめれば何か良いことがある、たとえば、ほめていれば好意が得られる、少なくとも嫌われることはないと思ったりしていないだろうか。

いつもほめてくれる友だちといると気分がいいし、そのような友だちをいい人だと思うものだが、もし向こうが「ほめていれば相手から好かれるものだ」といった意識のもとにほめているとしたら、その人のことをやさしいと言っていいだろうか。

一方で、こっちの＊至《いた》らない点などを教えてくれる友だちは、痛《いた》いところを指摘してくるため、「嫌なことを言うなあ」とその瞬間《しゅんかん》は＊ネガティブな気分になるが、「たしかにそこは自分のダメなところだな」と感じることもあり、そのお陰《かげ》で欠点を意識して修正することができる。

このような友だちは、言いにくいことを言うことで嫌われるかもしれないのに、あえて言ってくれているとしたら、むしろやさしいと言えるのではないだろうか。

お年寄りに席を譲《ゆず》るのは人として当然のやさしさのはずだ。だが、傷つけないのがやさしさということになると、そのやさしさの＊発動にブレーキが掛《か》かることがある。

それは、席を譲るべきお年寄りかどうかが微妙《びみょう》なときだ。親切のつもりで席を譲ろうとしたところ、相手はただ老け《ふ》顔なだけで、まだ席を譲られるような年齢《ねんれい》ではなかった。そんなことになったら、相手は気分を害するだろう。

明らかに老人であっても、席を譲られるほど自分は弱っていないといった＊自負をもっている場合、席を譲られることで、自分はやはり弱々しく見えるのだろうかと気にしてしまうかもしれない。

どうみても席を譲るべきだと思えるお年寄りの場合はよいのだが、そうでないときは、席を譲ろうという思いと同時に、相手を傷つけるのでは、といった*懸念《けねん》も生じる。

こちらが席を譲ることで、助かるお年寄りは多いはずだ。ゆえに、余計なことを考えずに、お年寄りがいれば席を譲ればいい。それがやさしさのはずだ。

相手が*固辞した場合は、引き下がればいい。そのとき相手が傷ついたかどうかなど気にすることはない。

万一、

「自分が老人に見えたのか、そんな年でもないんだけどな」

と、相手が内心傷ついたとしても、こっちが親切心から席を譲ろうとしたのはわかるはずだし、意地悪で年寄り扱《あつか》いしたなどと*邪推《じゃすい》されるようなことはあり得ない。

だが、絶対に傷つけてはならない、それがやさしさだ、というような*風潮《ふうちょう》が広まることで、本来のやさしさを発揮《はっき》しにくくなってしまうのである。

相手が傷つかないように配慮するのももちろんやさしさではあるが、それにとらわれるあまり、本来のやさしさにブレーキが掛かる。二つのやさしさの間で身動きが取れなくなるのである。

相手のためを思う気持ちが基本にあり、*安易に見返りを求めないのがほんとうのやさしさと言える。

好かれたいからほめるというのも、嫌われたくないから厳《きび》しいことは言わないというのも、見返りを求める態度であって、やさしさとは言えない。

そもそも人の内面など、なかなかわかるものではない。相手の気持ちなどお互《たが》いになかなか読めないし、この先どんな反応をするかなど予想できない。予想外の反応に驚《おどろ》かされることもある。

ゆえに、相手がこちらの真意を理解せずに、攻撃的《こうげきてき》な反応を示すかもしれない。こっちが相手のためを思って、気まずくなるのは覚悟《かくご》の上で、言いにくいことを言ってやったつもりなのに、まるで意地悪をされたかのように敵意を＊剥《む》き出しにした反応をぶつけられることがある。

それを嫌って、言いにくいことは言わないというのは、ほんとうのやさしさではない。自分のためといった視点《してん》が、相手のためといった視点に勝《まさ》っているからだ。

こちらの思いが通じず、相手が傷つき、こちらを恨《うら》むようなことになるかもしれなくても、相手のためだと思うなら、あえて厳しいことも言うし、厳しい課題を課すこともする。その結果、自分が嫌われても仕方ない。それが最終的には相手のためなのだ。そのような姿勢《しせい》を取れる人は、ほんとうのやさしさをもつ人と言える。

（榎本博明《えのもとひろあき》『やさしさ』過剰社会《かじょうしゃかい》　人《ひと》を傷《きず》つけてはいけないのか」による）

〔注〕　＊巷《ちまた》……世の中。
＊敬遠《けいえん》……それとなく遠ざけること。
＊無難《ぶなん》に……安全であぶないところがないように。
＊ホンネ……「本音」のこと。本当の気持ち。
＊至《いた》らない……不十分な。
＊ネガティブな……いやな。
＊発動……動きだすこと。
＊自負……自分の能力などへの自信。
＊懸念《けねん》……心配。
＊固辞……強く断ること。
＊邪推《じゃすい》……ものごとを悪いように考えること。
＊風潮《ふうちょう》……世の中の傾向《けいこう》。
＊安易に……気軽に。かんたんに。
＊剥《む》き出し……かくさないこと。

〔問題1〕「傷つけないように気を遣《つか》うばかりの関係ってなんか淋《さび》しい」のはなぜですか。筆者の考えを四十字以上五十字以内で書きなさい。

〔問題2〕「席を譲るべきお年寄りかどうかが微妙《びみょう》なとき」でも、筆者は席を譲るべきだと述べていますが、それはなぜですか。六十字以上七十字以内で書きなさい。

〔問題3〕「本来のやさしさ」とは、どのようにすることだと筆者は述べていますか。また、その考えについてあなたはどう思いますか。あなたが今までに実際に受けたやさしさの経験を交え、あなたの考えを、四百六十字以上五百字以内で書きなさい。

なお、次の《注意》にしたがって書きなさい。

《注意》

段落《だんらく》をかえたときの残りのます目は字数として数えます。

ただし、問題１・問題２は、一ます目から書き、段落をかえてはいけません。

、や。や「なども、それぞれ字数に数えます。

【東京都立立川国際中等教育学校】

〔問題１〕

〔問題２〕

〔問題３〕

→解答用紙別冊P.3

解説・解答例

この問題については、最後に全部の問題に関する《注意》が書いてあります。

《注意》
段落《だんらく》をかえたときの残りのます目は字数として数えます。
ただし、問題1・問題2は、一ます目から書き、段落をかえてはいけません。
、や。や「なども、それぞれ字数に数えます。

〔問題1〕〔問題2〕は段落を分けない問題。〔問題3〕は段落構成を考える問題であるということを頭に入れておきましょう。

〔問題1〕

●設問分析

> ①「傷《きず》つけないように気を遣《つか》うばかりの関係ってなんか淋《さび》しい」のは②なぜですか。
> 筆者の考えを③四十字以上五十字以内で書きなさい。

〔解答の条件〕

まず――①の「傷つけないように気を遣うばかりの関係」とはどのような関係なのかを読み取ることを頭

に入れます。そしてそれが「なんか淋《さび》しい」とはどういうことなのかを探しましょう。

そのうえで、―①、―②の内容がそれぞれわかれば、筆者がそのように思う理由を見つけましょう。―①の関係と、それが淋しいとはどういうことかの「なぜ」、つまりその理由に当たる箇所《かしょ》を探しながら読みましょう。筆者の考えですから、本文中にきちんと理由が書いてあるはずですよね。そのためには、―①をきちんと理解しながら読まなければいけませんね。

最後に形式的な部分で、―③にあるように、文字数は「四十字以上五十字以内」です。だいたいのボリュームがわかるので、該当《がいとう》箇所が探しやすくなります。

●解答のポイント

第13段落《だんらく》の最後の文（P.61上段中ほど）に「心の距離《きょり》を感じてしまう」とあります。これは傍線《ぼうせん》部の「淋しい」と同じ意味を表しています。「心の距離を感じてしまう」のはなぜかという理由が同じ段落の中に書かれているのでこの周辺の文章をよく読みましょう。すると、「ほんとうに親しくかかわる気持ちなんかないということではないのか」という箇所が見つかります。つまり、筆者が考える「やさしさ」とは違っていて淋しく感じるということがわかります。

このような問題では、探し出した文の文末を「～から」や「～だから」という理由を述べる形に少し調整して答えます。自分の言葉で書き換《か》えるのではなく、ほぼ元の文章を使い、設問が聞いていることに対する返答となるようにちょっとだけ修正をするのがコツです。

●解答例

「きらわれたくない」という思いから、やさしげな態度をとるだけで本当に親しく関わろうとしていないから。

〔問題2〕

●設問分析

> ①「席を譲《ゆず》るべきお年寄りかどうかが微妙《びみょう》なとき」**でも**、筆者は②席を譲るべきだと述べていますが、それはなぜですか。③六十字以上七十字以内で書きなさい。

〔解答の条件〕

まず―①の「席を譲るべきお年寄りかどうかが微妙なとき」とはどのような状況かを本文を読みながら確認します。そのようなとき**でも**―②「席を譲るべき」と筆者が考える理由がそのあとに続くはずだということを頭に入れてから本文を読みましょう。〔問題1〕と同様に、六十字以上七十字以内というのも、該当《がいとう》する箇所《かしょ》を探す目安になりますね。

●解答のポイント

―①の「席を譲るべきお年寄りかどうかが微妙なとき」というのは、お年寄りに席を譲ることで、相手が年寄り扱いされたことに傷つかないかということを気にしてためらっている状況です。そこで筆者はその3段落あとで「席を譲ることで、助かるお年寄りは多いはず」であり、席を譲るという行為《こうい》が「親切

サポートのポイント
同じような経験はお子さんにもあるはず。そのときの気持ちを聞いてみましょう。

心から」のものであることは、譲《ゆず》られた人にもわかるはずだと考えています。この箇所《かしょ》の文を使って解答すればよいでしょう。ここでもやはり「理由」が聞かれているので、文末を「～から」や「～だから」と答えましょう。

●解答例

席をゆずることで助かるお年寄りは多いはずであり、相手がきずついたとしてもこちらが親切心から席をゆずろうとしたのはわかるはずだから。

〔問題3〕

●設問分析

> ①「本来のやさしさ」とは、どのようにすることだと筆者は述べていますか。また、②その考えについてあなたはどう思いますか。③あなたが今までに実際に受けたやさしさの経験を交え、あなたの考えを、④四百六十字以上五百字以内で書きなさい。なお、次の《注意》にしたがって書きなさい。

［解答の条件］

まず―①で筆者が考える「本来のやさしさ」とはどのようなものかが問題文全体を通して書かれているはずです。あとで作文の前半に記述するため、どのようにまとめればよいかを考えながら読みましょう。そのうえで、―②にあるように、自分がその筆者の書いている「本来のやさしさ」に対してどのように考えるかを意識しながら読み進めましょう。そのとき、自分がそのように考えることの理由づけにな

サポートのポイント

同様のテーマでは東京都立南多摩中等教育学校でも出題が見られました。また、大平透（おおひら・とおる）「やさしさの精神病理」（岩波新書）を読んでみるのもおすすめです。

る体験を記憶《きおく》の中から探しましょう。

●解答のポイント

——①と——②の関係が大切です。「あなたは本来のやさしさとはどのようなものですか」と聞かれているのではありません。「（本来のやさしさとはこういうものと、筆者が考えている）その考えについて、あなたはどう思うか」を聞かれています。ですから、単に自分の考えを書くだけでは、設問に答えていることにはなりません。聞かれていることにきちんと答えることを意識しましょう。

次に段落《だんらく》構成です。この問題では設問に段落数や、それぞれの段落に何を書くかの指示はありません。ですから、自分で構成を考えなければいけません。とはいえ、設問で聞かれている順番に書くようにすれば、段落の構成は難《むずか》しくありません。まずは聞かれていることを順番に箇条《かじょう》書きでメモしましょう。

また、文字数が四百字以上五百字以内なので、段落数は三段落か四段落で書くのがよいでしょう。

●構成メモを作る

設問で聞かれていることを順番に並べると次のようになります。

①筆者は「本来のやさしさ」とは……というものだと考えている。
②ぼく／わたしは筆者の考えについて……だと考える→展開《てんかい》
③体験
④まとめ

この順番でそれぞれの段落の内容を箇条書きで書いたものが構成メモです。これが作文の設計図となり、フレーム（骨格《こっかく》）となります。例えば次のような感じです。

① 筆者は「本来のやさしさ」とは……
・「やさしさが求められる時代」のやさしさ → 相手を傷《きず》つけないためのやさしさ
・「本来のやさしさ」 → 相手が傷つくようなことであっても、相手のためになるようなやさしさ
・相手を傷つけないためのやさしさが広まることで、本来の優しさを発揮《はっき》しにくくなってしまうこともあり、本来のやさしさを取り戻《もど》すべき
② ぼく／わたしは筆者の考えについて……だと考える→理由
③ 体験→理由で挙げたようなことを感じた体験
④ まとめ

ここまで書ければ、あとはそれぞれの段落《だんらく》内容を文章にして、さらに肉づけをすれば完成というわけです。

●解答例 →別冊P.9参照

相手のために言ったことが相手を傷つけてしまい、自分が嫌われてしまうことになろうとも、最終的に相手のためになるのであれば、厳《きび》しいことであっても言うのが本来のやさしさであると、筆者は述べている。

私は以前、学校からの帰宅途中《とちゅう》に、友人たちと道路でふざけあいながら帰り道を歩いていた。楽しくじゃれ合っていると、知らない人に「道路で遊ぶのは危ないからやめなさい」と、強く注意された。せっかく楽しい気持ちでいるのに、水を差すような言い方をされ、いやな気持ちになったが、強く注意され

たこともあり、私たちは無言でその場から立ち去り、その人が見えなくなると、その人の悪口を言い合った。楽しい時間をじゃまするなんて、なんていやな人だと、やさしさのかけらもない人だと、そのときは思った。

今考えてみると、道路でふざけることで、事故にあってけがをしてしまうことや、最悪の場合、命を落としてしまうことも考えられる。私たちに注意をしてくれた人は、私たちのためを思ってふざけるのをやめさせてくれた、やさしい人だったのだと今なら考えることができる。

演習2　論理《ろんり》的文章が一つの問題②

次の問題も論理的文章ですが、分類としては「エッセイ」に含《ふく》まれます。論説文や説明文よりは、筆者が自分の「論」というより「思い」に重きを置いて書いた文章です。言ってみれば、より筆者の「主観」（筆者自身の感覚や思っていること）が強い文章であると言えるでしょう。ですから、筆者は読者に自分の思いを共感してもらおうと手を変え品を変え「あるある」と思わせる具体例を挙げています。

みなさんは筆者にまるごと大賛成となる必要はありません。しかし、**「筆者が言いたいことはこういうことなのだな」**ということと、**「作問者がこの文章を使って受検生に考えさせたいことはこういうことなのだな」**という二つの理解をしたうえで問題に臨《のぞ》むことが大切です。

問題

次の文章を読んで、後の問いに答えてください。
***がついている言葉は、後に説明があります。**

ところで、こどもとは何か。大人とは何か。大人とこどもを区分するものを、国境線のように求めてみても無駄《むだ》だと言わざるをえない。その区分は、人間に一律《いちりつ》の、静止したものとしてはどこにもないと僕《ぼく》は思う。あるとすれば、それは人間一人一人に固有の内在的な*契《けい》機《き》、しかも一人の中においてもたえず動的な姿《すがた》をした契機にしかない。

その契機は、一回限りではなく、大きな波も小さな波も、大人に向かって進む波も退く波もある。それはまるで、予告されている*氷河期に向かってその特徴《とくちょう》が寄せたり返したりしながら、しかし確実に氷河期に向かっている地球の姿に似ている。気がついてみたら、もはや私《わたし》は大人としかいいようがないという底のものだ。

たとえば、十歳《さい》のこどもと話しているときに、彼《かれ》の口から、なまかじりではなく、認識《にんしき》の仕方として、「大人」がヒョッコリ顔を出すことがある。しかしそれは、総体として十歳の彼のこどもの全体像のなかにしみこまれていて、彼を代表する顔ではない。しかし、彼のなかにはすでに大人が棲《す》んでいるのである。

地球上に何十億の人間がいようと、二つと同じ顔がないように、こどもから大人へと、寄せたり返したりしながら変貌《へんぼう》していく姿に、二つと同じ物語はない。そして、一人一人についていえば、こどもから大人になる激《はげ》しい「時」が幾層《いくそう》にも脈打っているのだ。

それは、大人一般《いっぱん》がこども一般に*あてがう*グレード、プログラム、法規、儀式《ぎしき》などに関係なく進む。幼児用、小学何年用、中学生向きとしてあてがわれるものを、順々に規則正しく登りつめて、皆《みな》が同じ歩調で近づいて行くものではない。未知の世界への、何といつ出会うかわからない冒険《ぼうけん》の旅である。養分を自力で摂取《せっしゅ》することと、プログラムを与《あた》えられていない個別な体験を重ねながら、人間は進んだり引き返したりする。直線の上を進むのではなく、それぞれ螺旋状《らせんじょう》に進む。「早く大人になりなさい」というと、いつまでもこどもであり、大人が*自然の摂理《せつり》を見るにも似た気持ちで待っていると、こどもはいつのまにか大人になって行く。そして、大人になって行く上の大きな波や、大きなきっかけは、だれからも強制されず、自分自身の意志で大人の世界にまるごと挑《いど》む体験のなかにしばしばひそんでいる。

それは、父親の大きな自転車を乗りこなそうとしては何回もころげ落ち、ひざをすりむき、しかしついに乗りこなした瞬間《しゅんかん》にひそむ。

何かの都合で、こどもに関係のない会合に母に連れられて行き、おおむね無視《むし》されながら、知らない大人から不意にひとこと声をかけられたときにひそむ。

父親の本棚《だな》の一番高いところから本を引っぱり出し、その難解《なんかい》さに手をやきながらも、いつのまにか大意をのみこんだときにひそむ。

幼《おさな》いころ住んでいたときによく遊んだ広い庭を、数年たって訪《おとず》れたら信じられないほど狭《せま》く見えて驚《おどろ》くときにひそむ。

父母もきょうだいもいないときに祖母が倒《たお》れ、応急手当や医者への連絡《れんらく》など、一人で考えられるすべてのことをひとまず終えて、ほっと一息ついたときにひそむ。

そのような事件をきっかけに、よせては返す波の中で、みずみずしい感性に次第に*分別が混じり合い、大人になって行く。

（「人は道草を食って生きる」赤瀬川隼《あかせがわしゅん》 著《ちょ》）

*契機……物事が始まったり、変化が生じたりする原因やきっかけ。動機。
*氷河期……過去に、地球全体が長期間にわたって現在より寒冷化していた時代のこと。現在よりも広い範囲があつい氷と雪におおわれていた。
*あてがう……適当と思われるものを与える。
*グレード……段階。等級。
*自然の摂理……自然界を支配している法則。

＊分別……物事の是非・道理を判断すること。わきまえること。また、そのような能力。

問い一　「大人になって行く」とありますが、筆者はこれについてどのようなことがきっかけになると考えていますか。

問い二　問い一をふまえ、あなた自身の「大人になって行く」経験について、次の条件にしたがって書いてください。

〈条件〉

① これまでに経験したことを書いてください。

② ①を選んだ理由も含めて、あなたが感じたことや考えたことを書いてください。

③ 三百字以上、四百字以内で書いてください。

【宮崎県立宮崎西高等学校附属中学校】

問い一

問い二　※題や氏名を入れずに一行目から書いてください。

→解答用紙別冊P.4

解説・解答例

問い一

●設問分析《ぶんせき》

> 「大人になって行く」とありますが、筆者はこれについてどのようなことがきっかけになると考えていますか。

【解答の条件】

設問者が求めている解答は、筆者は、「大人になって行く」ときに「どのようなことがきっかけとなると考えているか」です。ここは本文中に書いてある内容をしっかり押さえながら読みましょう。

●解答のポイント

この設問では「大人になって行く」ということがどのようなことかということと、「筆者はこれについてどのようなことがきっかけになると考えていますか。」という二つの要素があります。直接聞かれているのは「筆者はどのようなことがきっかけになると考えているか」ですが、「大人になって行く」とはどのようなことなのかということを、本文を読みながらきちんと把握《はあく》することが重要です。問い二の設問に「問い一をふまえて〜」とありますが、問い一の内容を把握することで問い二の手がかりとなる設問設定となっています。

具体的には第1段落に、「大人とこどもを区分するものを国境線のように求めてみても無駄《むだ》」として、

サポートのポイント

小学六年生であれば何となく「大人になる」ということがわかるかもしれません（その分、親としては反抗期がたいへんかもしれませんが……）。小学四年生や精神的に幼い場合だとなかなか難しいテーマかもしれませんね。

明確な境界線はないとしています。しかし、一方で「それは人間一人一人に固有の内在的な契機《けいき》、しかも……動的な姿をした契機」として第2段落でそれを波にたとえています。この契機とはどのようなものであるかの例が、第6段落以降でいくつも挙げられています。そして最後の段落では「そのような事件をきっかけに、よせては返す波の中で……大人になって行く」としています。これらの例の内容を波にたとえているものがどのようなものかを書きましょう。

●解答例

だれからも強制されず、自分自身の意志で大人の世界にまるごといどむ体験。

問い二

●設問分析《ぶんせき》

問い一をふまえ、あなた自身の「大人になって行く」経験について、次の条件にしたがって書いてください。

〈条件〉 ① これまでに経験したことを書いてください。

② ①を選んだ理由も含めて、あなたが感じたことや考えたことを書いてください。

③ 三百字以上、四百字以内で書いてください。

［解答の条件］

問い二は、問い一をふまえて「これまでに自分が体験したこと」について作文します。筆者が書いた複

サポートのポイント

「大人になるきっかけ」の例が列挙されていますが、同じような経験をしてもそれが大きく心に影響するかは個々の子ども次第です。大人からしたら「えっ！そんなこと？？？」と思うような経験が子どもの心の急激な成長を促すこともあります。「その例じゃダメ」などと型にはめず、子どもが挙げた例を肯定して、深めていけるよう対話してください。

数の例を参考にして自分の体験を照らし合わせましょう。また、その経験を選んだ理由を含《ふく》めて自分が感じたことを書かなければいけません。ここで大切なのは、単に体験を書くだけではなく、自分自身で大人に近づいた感覚を感じたかというのが重要です。

●解答のポイント

まず、この問題は問い一がきちんとできていることが前提となります。問い一は、本文中で筆者がいろいろ挙げている「大人になって行く」経験を読んだうえで、それらをまとめることが求められているのです。言ってみれば、問い一は本文に挙げられた様々な具体例を参考に、それらに共通する点を答える問題。（難《むずか》しい言葉で「一般化」とか「抽象《ちゅうしょう》化」といいます。）そして、問い二はそのまとめた「大人になって行く経験の共通点」を自分の経験の中で探し出して、自分にとっての大人になるきっかけとしての意味づけをする具体化という作業だといえます。

さて、次に段落《だんらく》構成です。この問題も段落数やそれぞれの段落に書くことの指示はありません。やはり設問で聞かれている順番を意識すれば書きやすいでしょう。文字数が三百字以上四百字以内なので、段落数は三段落か四段落で書くのがよいでしょう。

●構成メモを作る

今回は問い一との関係もあるので、少し工夫が必要かもしれません。次のような感じでどうでしょう。

①自分が「大人になって行くきっかけ」を感じた体験

②↓その体験がどのように自分が大人になることに感じたか↓大人になる・立ち向かう経験
③まとめ(「大人になる」とはどのようなものか)↓自分自身の意志で大人になろうとする

です。ここまで書ければ、あとはそれぞれの段落《だんらく》内容を文章にして、さらに肉づけをすれば完成というわけ

●本文中の例

・父親の大きな自転車を乗りこなそうとしては何回もころげ落ち、ひざをすりむきながらも、最後には乗りこなしたとき
・こどもに関係のない会合に母に連れられて行き、知らない大人から不意に一言声をかけられたとき
・父親の本を引っぱり出し、その難解《なんかい》さに手をやきながらも、いつのまにか大意をのみこんだとき
・幼いころ遊んだ広い庭が信じられないほど狭《せま》く見えて驚《おどろ》くとき
・家に自分以外誰もいないときに祖母が倒れ、一人で考えられうるすべてのことをして一息ついたとき

このように子どもとしての経験の範囲《はんい》からはみ出したこと、つまり大人の領域《りょういき》に必死で挑戦した経験というのがこれらの共通点として挙げられるのです。ですから、みなさんはこれまでの生活で、「やればできるんだ」と思い、少しほこらしく思った出来事を思い出してみましょう。強制されたものでなく、自分が自らの意志で挑戦《ちょうせん》したものでなければなりません。

●解答例 ↓別冊P.10参照

私が、友達の家に向かっているとき、にんちしょうのおばあさんが一人で歩いているのに出会ったこ

サポートのポイント

体験例自体も大切ですが、その体験がどれだけ自分の成長に大きく影響を与えたかが大切です。どうしてもドラマチックな体験の方が読む人に受けが良いだろうと考えてしまいますが、大切なのはその出来事を子どもが自分で評価することです。(あまりにも作り込み過ぎると、違う意味で「ずるい」大人になってしまいますね。)

とがある。服についていた名札をもとに、その人の家に連れていってあげた。

そのおばあさんの家の人は喜んでくれて、とても感謝された。そのときの気持ちを「いつも世話でたいへんですが、あなたのように手助けしてくださる方がいてとても助かっています。」「ありがとうございます。」とていねいな言葉で話された。

このとき、役に立ってうれしいことはもちろん、少し勇気を出せば自分でもできるんだ、もう、ていねい語で話してもらえるんだということを知り、少し大人になった気がした。自分の意志で物事を行うことは、責任も大きくなるが、これから生きていくためには大切なことだと思った。

演習3　文学的文章（小説）が一つの問題

小説を読む場合のコツは、その物語の中での主人公の心の動きや成長を意識しながら読むことです。論理《ろんり》的文章とは異《こと》なり、読者に何度も理由づけをするわけではありません。そこでカギになるのは次の三つです。

①登場人物の整理　②場面の切り替わり　③セリフ（発言）と態度（行動）

小説ではまず**登場人物の整理**をしながら読みましょう。登場人物が多い場合には、問題用紙の余白に出てきた人物を書きだすのも一つの手です。そしてそれぞれの人物のキャラクター（性格）と主人公を軸《じく》とした関係を整理しましょう。また、**場面の切り替わり**によって、時間の経過が前後することもありますし、思い出の部分が途中《とちゅう》で出てくることもあります。小説は時間の経過、他者との関係の中で、主人公がどのように心が動いたかが書かれています。問題文中での**登場人物のセリフ**がそれぞれの気持ちを表しているのはもちろんなのですが、むしろ発言とセットで出てくる**態度や行動**にも注目してください。口から出た言葉と心の中での気持ちが違うこともありますよね。むしろ行ったことと心の中が正反対なんてことも。

適性検査の作文問題で小説が出されるということは、**主人公の心の動きや成長とみなさん自身を重ね合わせて、そこから何かを考えてほしいという作問者のねらいがある**のです。どのような点から問題文を読むべきかを設問分析《ぶんせき》をすることで把握《はあく》して、効率よく読むようにしましょう。

サポートのポイント

問題演習としてではなく、ゆっくりと小説を読むこともおすすめします。古本などでよいので、できれば同じ本を二冊準備して、同じ時期に親子で同じ本を読む。そのうえで内容について「あーだ、こーだ」と話をする。ちょうど映画を見終わったばかりのときに友人と「あの場面は……」などと語り合う感じの読書が早い時期からできると、作文問題にももちろん非常に有効ですし、読解力の成長にも大きく寄与します。（二人でなくとも家族みんなでやっても面白いですよ。）

問題

次の文章を読み、後の問一～三に答えなさい。

中学三年生の西村さんは、九月からの転校生。転校して一ヶ月足らずのうちに、同じクラスの由《ゆ》香《か》さんが入院することになった。クラスで由香さんにお見舞《みま》いを贈《おく》る話が持ち上がったとき、西村さんの提案によって、みんなで千羽鶴《せんばづる》を折ることが決まった。その後、放課後や昼休みを利用して千羽鶴づくりを開始するが、思った以上に時間がかかりそうだった。宿題にすれば少しはペースが上がるはずだが、受験勉強に本腰を入れるこの時期、みんなに無理を言うわけにもいかないのだった。

帰り道、瀬川《せがわ》ちゃんは「こんなに折り紙したのって幼《よう》稚園《ちえん》の頃以来だね」と自分の肩《かた》を揉《も》んだ。ミヤちんも指が痛《いた》くなったらしく、じゃんけんのグーとパーを繰《く》り返して、「ちょっとがんばりすぎたかも」と言った。実際、みんながんばってくれた。がんばりすぎて、五時をまわっても教室に居残っていたので、見回りに来た先生に注意されたほどだった。

「明日は湿布《しっぷ》とか持ってくるから」

きみが言うと、二人は「そこまでしなくていいよお」「西村さん、優《やさ》しすぎーっ」と笑った。

「でも、このペースだったら、あと四、五日で終わるから」

励《はげ》ましたつもりだったが、瀬川ちゃんは「うえっ、まだけっこうあるじゃん」と顔をしかめ、ミヤちんも「卒業までいいってことにしない？」と言いだした。

二人とも冗談《じょうだん》の表情や口調だったことを確かめて、きみは「だめだよお」と笑った。「だって、あんまり時間がかかりすぎると退院しちゃうでしょ」

すると、二人はちょっと困《こま》ったような顔を見合わせて、瀬川ちゃんが、いいよわたしが言うから、とミヤちんに目配せした。

「あのね、西村さん……由香ちゃん、もう退院できないかもしれないよ」

「……そんなに悪いの？」

「悪いっていうか、治らないんだって、腎臓《じんぞう》」

一学期に入院したときも、容態はかなり悪かった。集中治療室《ちりょうしつ》に入っていた時期もあるらしいし、危篤《きとく》になったという噂《うわさ》も流れた。

「だから、西村さんも千羽鶴はあせんなくていいと思うよ」

「……お見舞いはどうなってるの？」

「って？」

「だから、順番決めてお見舞いに行ったりとか」

二人はまた顔を見合わせて、今度はミヤちんが「一学期のころは、たまに行ってる子いたけどね」と言った。

「でも、みんなで行っちゃうと、かえって迷惑《めいわく》じゃん？」

「それに、あの子ほんとに無口だから、五分も話つづかないもんね」と瀬川ちゃんが言う。

「そうそうそう、お母さんが気をつかっちゃって話しかけてくるから、かえって困《こま》っちゃうんだよね」「うちらは小学校の頃から知ってるからいいけど、他の子、由香ちゃんのことあんまりよく知らないでしょ」「三年で初めて一緒《いっしょ》になった子とか、ほとんどしゃべったこともないんじゃない？」「今年なんか学校に来た日のほうが少ないでしょ」「言えたー、もう卒業できないよね、どっちにしても」「そういうの考えるとさー、元気なうちらがお見舞いに行って、受験とか高校の話とかしちゃうと、かわいそうかもよ」「うん、だからさ、西村さん、千羽鶴でいいんだと思うよ。受験前に千羽鶴折るだけでも、けっこう友情じゃん」……。

《中略》

一週間が過ぎた。

千羽鶴は、まだ完成していない

みんなが盛《も》り上がったのは、結局、最初の二日間だけだった。中間試験が近づいたこともあって放課後の居残りは「忙《いそが》しい子は休んでもOK」から「時間のある子だけ残る」になり、昼休みの集まりも極端《きょくたん》に悪くなった。和歌子《わかこ》ちゃん達の始めたバスケットボールが別のクラスにも広がって、フリースローのクラス対抗戦《たいこうせん》になってしまったせいだ。

文句は言えない。これは自由参加で、強制する筋合《すじあ》いのものではなく、出しゃばったことを言うと、きっと反発されて、反感を買って、嫌《きら》われる。

きみは一人で鶴を折りつづける。朝のホームルーム前も、昼休みも、放課後も、家に帰ってからも、そして授業中まで……。

（重松清「きみの友だち」より）

【注】

＊きみ……本文中の「きみ」とは西村さんをさす。西村さんのことを作者が呼びかけている表現。

＊千羽鶴……数多くの折り鶴を糸に通してつなげたもの。

＊危篤《きとく》……病気の状態が重く、命があぶないこと。

＊中間試験……学期を半分過ぎたころに行うテストのこと。

＊朝のホームルーム……教室で行う朝の会のこと。

問一　クラスでつくった千羽鶴を贈ることで、由香さんへどのようなメッセージを伝えられると思いますか。あなたの考えを書きなさい。

問二　クラスの人たちは、なぜ千羽鶴づくりに熱心に取り組まなくなってしまったのですか。その理由を次の二点に着目して書きなさい。

①　クラスの人たちの置かれている状態

②　クラスの人たちが由香さんについて思っていること

問三　あなたがこのクラスの一員だとしたら、このあとどのように行動しますか。また、その理由は何ですか。あなたの考えを、二百二十字以上二百五十字以内で書きなさい。

【群馬県立中央中等教育学校】

問一

問二

（①クラスのみんなの置かれている状態から）

（②クラスの人たちが由香さんについて思っていることから）

問三 （一字あけずに書きましょう。また、段落での改行はしないで、続けて書きましょう。）

↓解答用紙別冊P.5

解説・解答例

問一

●設問分析《ぶんせき》

クラスでつくった千羽鶴《せんばづる》を贈《おく》ることで、由香さんへどのようなメッセージを伝えられると思いますか。あなたの考えを書きなさい。

［解答の条件］

聞かれていることは千羽鶴を贈ることで、入院をしている同級生に対しどのようなメッセージを伝えられるかについての「あなたの考え」です。由香さんの入院している理由や様子、クラスの人たちの様子などを整理しながら本文を読みましょう。

●解答のポイント

「あなたの考え」を聞かれているので、みなさんそれぞれの考えを答えることが可能です。もし自分が入院中に千羽鶴をもらったらどう感じるかを考えるのもよいでしょう。とはいえ、この文章が与《あた》えられていますから、千羽鶴を贈ることの発案者である主人公の西村さんの考えを他の同級生と対比させて考えるのもよいでしょう。

サポートのポイント

小説では基本的に主人公の心の中や気持ちを追っていきますが、このような問題を解くときは、主人公以外の登場人物それぞれの立場ごとの気持ちを考えるという「寄り道」をすることも非常によい学びです。

●解答例

クラスのみんなでつくった千羽鶴《せんばづる》を贈《おく》ることで、クラスみんなが入院している由香さんのことを忘れずにクラスの仲間だと思っており、病気とたたかう由香さんを応えんしているというメッセージを伝えられると思う。

問二

●設問分析

> クラスの人たちは、なぜ千羽鶴づくりに熱心に取り組まなくなってしまったのですか。その理由を次の二点に着目して書きなさい。
>
> ① クラスの人たちの置かれている状態
>
> ② クラスの人たちが由香さんについて思っていること

[解答の条件]

この設問では二つの異《こと》なる視点《してん》からクラスの人たちが「千羽鶴づくり」に取り組まなくなった理由を答えます。①は「置かれた状態」、②は「思っていること」です。この二点を探しながら読み、手がかりとなるところや、書かれているところに線を引いておきましょう。

●解答のポイント

この問題では

① 西村さんたちは中学校三年生であり、「受験勉強に本腰《ほんごし》を入れる」時期にあること、中間試験が近づいていること、昼休みにはフリースローのクラス対抗戦《たいこうせん》が流行していることを本文から読み取ってまとめる。

② ミヤちゃんと瀬川ちゃんの会話に着目する。二人は、由香さんはすぐに退院できるような状態にないため、千羽鶴《せんばづる》づくりに時間がかかっても問題ないと思っていることがわかる。また、由香さんは、今年は学校に来た日の方が少なく無口な性格のため、クラスの人は由香さんのことをあまりよく知らないことが読み取れる。

●解答例

① クラスの人たちは中学三年生であり、放課後は受験勉強と中間試験の勉強に力を入れなければならず、昼休みはバスケットボールのフリースロークラス対抗戦に夢中になってしまっているため。

② クラスの人たちは、由香さんの病気が治らないものですぐには退院しないため、千羽鶴の完成は延《の》びても大丈夫だと思っているから。また、多くの人は由香さんのことをよく知らない人だと思っているため。

問三

●設問分析《ぶんせき》

あなたが**このクラスの一員だとしたら**、このあとどのように行動しますか。また、その理由は何ですか。あなたの考えを、二百二十字以上二百五十字以内で書きなさい。

［解答の条件］

・自分が「このクラスの一員」であるという条件で考えるので、それぞれの登場人物の様子をしっかり把《は》握《あく》する

・「このあとどうするか」を考える

・自分が考えた「どうするか」の理由を書く

・二百二十字以上二百五十字以内→文字数は多くない

●解答のポイント

設問分析《ぶんせき》で見たように、聞かれているのは、「あなたがこのクラスの一員だとしたら、このあとどうするか」です。つまり、主人公の西村さん、瀬川ちゃんやミヤちんとどのように関わるかを聞かれているのです。ここで注意するのは、問題一、問題二をふまえて作文をするということです。問題一、問題二の解答がきちんとできているということは、自分がクラスの状況や入院している由香さんも含《ふく》めた登場人物の関係や、クラスの人が熱心に取り組まなくなった理由をしっかりわかっていることになります。そのうえで、自分がどうするのかを考えてください。本文の流れとしては、西村さん一人が負担《ふたん》を負わない方法を考えて書くようにするのがよいでしょう。

形式の面では、字数が限られているので、ある程度自分がどのような行動をとるのかの内容をしぼっ

て具体的に書くことが必要となります。段落《だんらく》は一つか二つがよいでしょう。

●構成メモ

一段落構成の場合
① 私がこのクラスの一員だとしたら～のような行動をすると思う。↓理由(ほかの人物をふまえて理由づけ)

二段落構成の場合
① 私がこのクラスの一員だとしたら～のような行動をすると思う。
② 理由↓(ほかの人物をふまえて理由づけ)

●解答例 ↓別冊P.10参照

私がこのクラスの一員だったら、まず由香さんのお見舞《みま》いに行き、由香さんの様子とみんなで鶴《つる》を折ればあと何日で千羽鶴が完成するかをクラスメイトに伝える。みんなが熱心になれない理由は、由香さんのことをよく知らない人が多いことと、鶴を作るより目の前の楽しいことややるべきことを優先《ゆうせん》させていることだ。由香さんがどんなに一人でがんばっているかを知れば、みんなも応えんしようと思うだろう。また、具体的な日数を設定することで、数日間遊びをがまんすればみんなの応えんを由香さんに伝えられることがわかってもらえると思う。

演習4　文章が複数ある問題

最後は文章が複数ある問題についてです。そもそも、全く関係ない文章を問題に複数出すことがあるでしょうか？　それぞれ別の読解問題であるならば可能かもしれませんが、何の関係もなければ問題の作りようもないですし、そもそも意味がないですよね。

作問者は複数の文章を読むことで何かを考えてほしいので、出すのです。ですから、みなさんはそれらの文章にある**「共通のテーマ」を意識して読むこと**が重要です。複数の文章が出されるということは、共通のテーマに対し**「異《こと》なる立場」や「異なる考え」を対比**して自分の意見を考えることを求めているか、または**「同じ考え」を並《なら》べる**ことでみなさんにより強くわかってもらおうとしているかということです。

文章が複数出される問題では、**文章を読む前の設問分析《ぶんせき》**がより一層《いっそう》重要な役割を持ちます。なぜなら、**複数の問題を並べて何を考えさせようとしているのかは、設問に書かれている**からです。論理《ろんり》的文章か文学的文章かによって読み方のコツは違いますが、事前にそれらの文章に共通するテーマを頭に入れてから読めば、その分読むときの指針ができますよね。設問分析をしてから本文を読むようにして、時間の短縮をはかりましょう。まれに短い文章が三つ出題されたものもありますが、最も多いのは二つの文章を比較するものです。今回みなさんに演習してもらう問題も二つの文章が与《あた》えられたものです。

問題

次の文章Aと文章Bを読んで、あとの問題に答えなさい。（＊の付いている言葉には、本文のあとに［注］があります。）

［文章A］

ところで、科学という仕事は、本質的に「積み上げ」式だといえるでしょう。過去の研究者の成果をもとにして、それを深め・発展させていくわけです。だから、科学の業績は常に新しい仕事に乗り越えられていく運命にあります。よほどすぐれた業績以外は、名前も研究成果そのものも、やがて忘れられてしまうのです。それがふつうの研究者であり、そんな研究者がほとんどです。かく言う私もその一人で、私の仕事で後世《こうせい》に残るものは何もないでしょう。それは空《むな》しいようですが、科学という仕事の宿命なのです。

そうと知りながら、あえて研究を続けるのは、どんな小さなことでも、自分が世界で初めて発見した（大ゲサですが）ことへの喜びがあるからです。冒険家や登山家が世界初をめざすのと共通した心理です。また、自分の頭の中に自然の一部が根づき、そこで自分だけが知っている世界を展開させることができるのです。頭の中で自由に自然の絵を描いたり、新しい進化のシナリオを書いたりすることに喜びを見つけています。この感覚は、芸術家と似ているかもしれません。研究業績という結果を気にする前に、向かっている課題や謎と格闘する楽しみもあります。それは、鍵のない＊錠前《じょうまえ》を開けようと苦闘する鍵屋さんに似ています。つまり、研究という仕事は、いろんな場面で自分自身を表現する仕事といえるでしょう。

（池内《いけうち》了《さとる》「科学の考え方・学び方」による）

［注］
・錠前《じょうまえ》―かぎのこと

［文章B］

私に親しいある老科学者が、ある日私に次のようなことを語って聞かせた。

「科学者になるには『あたま』がよくなくてはいけない。」これは普通《ふつう》、世人《せじん》の口にする一つの命題《めいだい》である。これはある意味では本当だと思われる。しかし、一方でまた「科学者はあたまが悪くなくてはいけない」という命題も、ある意味ではやはり本当である。そうしてこの後の方の命題は、それを指摘《してき》し解説《かいせつ》する人が比較的《ひかくてき》に少数である。

この一見相反《あいはん》する二つの命題《めいだい》は、実は一つのものの互《たが》いに対立し共存する二つの半面を表現するものである。この見かけ上の*パラドックスは、実は「あたま」という言葉の内容に関する*定義《ていぎ》のあいまい不鮮明《ふせんめい》から生まれることはもちろんである。

論理の連鎖《れんさ》のただ一つの環《わ》も取り失わないように、また、混乱《こんらん》の中に部分と全体との関係を見失わないようにするためには、正確でかつ緻密《ちみつ》な頭脳《ずのう》を要する。*紛糾《ふんきゅう》した可能性《かのうせい》の岐路《きろ》に立ったときに、取るべき道を誤《あやま》らないためには、前途《ぜんと》を見透《みとお》す*内察《ないさつ》と直観《ちょっかん》の力をもたなければならない。すなわち、この意味ではたしかに科学者は「あたま」がよくなくてはならないのである。

しかしまた、普通《ふつう》にいわゆる常識的《じょうしきてき》にわかりきったと思われることで、そうして、普通の意味でいわゆるあたまの悪い人にでも容易《ようい》にわかったと思われるような*尋常茶飯事《じんじょうさはんじ》の中に、何かしら不可解《ふかかい》な疑点を認《みと》め、そうしてその*闡明《せんめい》に*苦吟《くぎん》するということが、単《たん》なる科学教育者にはとにかく、科学的研究に従事《じゅうじ》する者にはさらにいっそう重要必須《ひっす》なことである。この点で科学者は、普通の頭の悪い人よりも、もっともっとものわかりの悪い、のみこみの悪い田舎者《いなかもの》であり、*ぼくねんじんでなければならない。

（寺田寅彦《てらだとらひこ》「科学者とあたま」による）

［注］
・命題《めいだい》―式やことばで説明された内容

・パラドックス―逆説。一般的に正しいと受け入れられていることと反する一種の真理。
・定義《ていぎ》―あるものについて、はっきりと決まっていること。
・紛糾《ふんきゅう》―ものごとがうまくまとまらないこと。
・内察《ないさつ》―自分の頭の中で考え、察すること。
・尋常茶飯事《じんじょうさはんじ》―日常茶飯事とおなじ。日頃から頻繁におこることがら。
・闡明《せんめい》―それまではっきりしなかったことを明らかにすること。
・苦吟《くぎん》する―苦心して詩歌を作ること。
・ぼくねんじん―わからずや。

問題1

「科学を仕事にする」ということについて、文章Aの筆者と文章Bの筆者はどのように考えているかそれぞれ書きなさい。字数は各百字以内とします。（、や。や「などの記号もそれぞれ字数に数えます。

問題2

ものごとを「知ること」や「達成すること」というのは科学の世界だけのことではありません。文章Aか文章Bのどちらかの考え方を選び、何かを「知ること」「達成すること」についてどのように考えますか。次の条件にしたがってあなたの考えを書きなさい。

《条件》

(1)段落構成について
・二段落構成で、内容のまとまりやつながりを考えて書く。
・第一段落では、文章Aか文章Bの内容をふまえたあなたの考えを、その理由とともに述べる。
・第二段落では、あなたの考えの具体例として、体験や見聞きしたことを説明し、最後に文章のまとめを書く。

(2)解答用紙の書き方について
・原稿用紙の正しい使い方で書き、書き出しは一マス空ける。
・二百字以上三百字以内で書く。、や。「なども一字と数え、改行などで空いたマスも字数に数える。

→解答用紙別冊P.6・7

解説・解答例

〔問題1〕

●設問分析《ぶんせき》

①「科学を仕事にする」ということについて、②文章Aの筆者と文章Bの筆者はそれぞれどのように考えているか書きなさい。③字数は各二百字以内とします。（、や。や「などの記号もそれぞれ字数に数えます。）

〔解答の条件〕

①「科学を仕事にする」ということについて→科学者の仕事に対する考えをキーワードとして、各文章の中にあるそれぞれの筆者の考えを探しながら読みましょう。

②文章A、文章Bの筆者それぞれの考えを書く→二人の考えの違《ちが》いが分かるように解答を書くことを意識して読みましょう。

③文字数がそれぞれ百字以内ということは段落《だんらく》分けをするのではないので、本文中の該当《がいとう》する箇所《かしょ》をまとめて答えると考えられるので、その該当する箇所に線を引くとわかりやすいですね。

●解答のポイント

文章Aと文章Bの二つの文が出されているのですから、何らかの対比をすることはわかりますね。その前提として「科学を仕事にする」というキーワードがあげられています。ですから、キーワードになってい

サポートのポイント

大学入学共通テストの影響で、複数の文章が提示される出題は今後も増えていくと思われます。ここで重要なのは「対比する」力が身につけられているかです。ある程度、文章のテーマごとの演習が進んだら、形式ごとの演習も行っておくとよいでしょう。特に文章の数については気にしてください。過去の出題は一つの文章だとしても、今後二つに変更になる可能性も大いにあります。受検する学校の（出題の基本方針）というものが発表されますので、気にしておくとよいでしょう。

る共通のテーマについて、文章A、文章Bそれぞれの要旨《ようし》を簡潔《かんけつ》にまとめながら、それぞれの違《ちが》いが分かるようにすることが要求されています。実は両方の文章の筆者はともに科学者なのです。二人の筆者は共通の科学に関する仕事をしていますが、読者に伝えたいことは少し違った角度から語られています。

●解答例

→別冊P.11参照

〔文章A〕　科学とは新しい仕事に乗り越えられ忘れ去られるものだが、それでも科学者というのは自分が何かを解き明かし、発見するという喜びを感じ、自分自身の頭の中にある世界を表現することができる仕事であると書いている。

〔文章B〕　科学者は正確で緻密《ちみつ》な頭脳《ずのう》、前途《ぜんと》を見透《みとお》す内察や直感という「あたまのよさ」とともに、わかりきったとされることでも当たり前とせず、追求し続ける「あたまのわるさ」がいっそう重要必須《ひっす》だと書いている。

〔問題2〕

●設問分析

①「ものごとを知ること」や「達成すること」というのは科学の世界だけのことではありません。②文章Aか文章Bのどちらかの考え方を選び、③何かを「知ること」「達成すること」についてどのように考えますか。次の条件にしたがってあなたの考えを書きなさい。

［解答の条件］

設問に、「ものごとを「知ること」や「達成すること」というのは……」と書いてありますから、文章を読むときのキーワードとなりますね。文章A、文章Bに「知ること」や「達成すること」がどうであると書かれているかを探しながら読みましょう。また、解答は文章Aか文章Bのうちどちらかの考えを選んで、それをふまえて自分の考えを書くことを求めています。

《条件》
（1）段落《だんらく》構成について
・二段落構成で、内容のまとまりやつながりを考えて書く。
・第一段落では、文章Aか文章Bの内容をふまえたあなたの考えを、その理由とともに述べる。
・第二段落では、あなたの考えの具体例として、体験や見聞きしたことを説明し、最後に文章のまとめを書く。
（2）解答用紙の書き方について
・原稿用紙の正しい使い方で書き、書き出しは一マス空ける。
・二百字以上三百字以内で書く。、や。や「なども一字と数え、改行などで空いたマスも字数に数える。

こちらの条件の分析《ぶんせき》は、（1）が段落構成の指示と各段落に書く内容、（2）が書き方についての指示ですから、ぱっと見て確認したうえで、解答を作成するときにもう一度確認をしましょう。

●解答のポイント

今回の問題では、文章Aか文章Bを選んだうえで、「知ること」「達成すること」についてあなたの考えを書きます。このとき、自分が選んだ文章と自分の考えの「共通点」がわかるような例を挙げなければなりません。あとは提示された《条件》に合うようにすることです。設問の一①に、「ものごとを「知ること」や「達成すること」というのは科学の世界だけのことではありません」とあります。みなさんは科学者ではないので、科学について語ることは無理ですよね。この問題では、科学に限らず、自分が「ものごとを知る」または「ものごとを達成する」という経験をもとに考えるように求めているのです。ただし、何でもよいという訳《わけ》ではありません。科学者が何かを知ろうとするように、みなさんが「知りたい」と強く思い、知ろうとがんばった経験が求められます。

●構成メモを作る

《条件》に文字数、段落数《だんらく》、各段落で書く内容が決められているので、ここは内容勝負！**要旨《ようし》がきちんとまとまっているか、自分の考えが選んだ文章の考えときちんと関連しているか、体験例が自分の考えと適切に関連しているか**、という三つが得点できるかの分かれ目です。

段落構成は《条件》にあるように

①文章Aまたは文章Bの考えをふまえた自分の考え

②体験例→この体験と自分の考えの関係(まとめ)

というように書けばよいので、ここに時間はかけずに済《す》みますね。

●解答例

↓別冊P.11参照

ぼくは文章Aの作者と同じように、知ることや何かを達成したときの喜びは大きな力になると考える。それはどんなものでもよく、わからなかったことがわかったしゅん間の興奮《こうふん》はだれもわからないとしても、自分にとってはおどろくほど気持ちがよいものだ。

ぼくは算数が大きらいだった。テストで良い点数が取れず、算数の授業の時間もぼんやりと聞くだけだった。あるとき本屋で見つけた算数の図かんのような本には、「なぜ」と思うものがたくさん並《なら》んでいた。ぼくは算数の「なぜ」をわかろうとせずやり方ばかりを知りたがり、点数だけを求めていた。「なぜ」を求めながら勉強することで、ぼくの算数への思いは大きく変わった。

著者：吉原　功
大手予備校での指導を皮切りに、自ら設立した学習塾「協学舎」での指導を含め、長年にわたり公立中高一貫校対策に携わり、数多くの受検生を志望校合格へと導いている。

書籍の内容についてのお問い合わせは右の QR コードから　⇒

※書籍の内容についてのお電話でのお問合せ、本書の内容を超えたご質問には対応できませんのでご了承ください。

実戦力アップ！
公立中高一貫校 適性検査対策問題集 作文問題 書きかた編

2021年8月10日　初版発行
2024年9月24日　3刷発行
発行者　佐藤 孝彦
編　集　根本 健一郎
本文デザイン　中森 裕子
表紙デザイン　上野 新吾
発行所　東京学参株式会社
〒153-0043　東京都目黒区東山2-6-4
〈URL〉　https://www.gakusan.co.jp
〈E-mail〉　shoten@gakusan.co.jp
印刷所　日経印刷株式会社

※本書の編集責任はすべて当社にあります。内容に関するお問い合わせ等は、上記編集部まで、なるべく文書にてお願い致します。
※ご注文・出版予定のお問い合わせ等は営業部までお願い致します。
※本書のコピー、スキャン、デジタル化等の無断複製は著作権法上での例外を除き禁じられています。本書を代行業者等の第三者に依頼してスキャンやデジタル化することは、たとえ個人や家庭内での利用であっても著作権法上認められておりません。

ISBN978-4-8141-2078-9

左ページからの別冊は取り外して使うことができます。

※解答用紙・作業シートは弊社HPの商品ページより
ダウンロード・プリントアウトしてご利用いただけます。

公立中高一貫校
入試シリーズ

公立中高一貫校
適性検査対策問題集
作文問題
書きかた 編

実戦力アップ！

文章を読んで書く作文
じっくり解法を身につける

別冊

解答用紙・解答例・作業シート

東京学参
gakusan.co.jp

●解答用紙

第４章　問題を解く（やってみる）

例題　問題

問題P.49〜50

400

500

●解答用紙

第5章 演習する

演習1 論理的文章が一つの問題① 問題3

問題P.60〜65

460

500

●解答用紙

第5章　演習する

演習2　論理的文章が一つの問題②　問い二

問題P.73～75

300

400

●解答用紙

第5章 演習する

演習3 文学的文章(小説)が一つの問題 問三

問題P.82〜85

●解答用紙

第5章　演習する

演習4　文章が複数ある問題　問題1

問題P.92〜94

〔文章A〕

100

〔文章B〕

100

●解答用紙

第5章　演習する

演習4　文章が複数ある問題　問題2

問題P.92〜94

300

200

●解答例

第4章　問題を解く（やってみる）

例題　問題

問題P.49～50

　筆者は、疑問をもって確かめたり調べたりする時には、何が決定的に重要なのかを見つけ、その理由を明らかにし、結果を再現することが大切だと考えています。この筆者と同じように、私は疑問を解決する時に、原因をつき止めてからその原因をどう活用していくかが大事だと考えています。

　以前私は水泳を習っていたのですが、同じような体型なのにどうして速い人とおそい人がいるのだろう、と疑問に思いました。観察してみると、泳ぎ方にちがいがあることが分かりました。そこで、自分でそれぞれの泳ぎ方をまねして泳いでみたところ、速い人の泳ぎ方のほうが水のていこうをあまり受けずに泳げることが分かり、泳ぐスピードを上げることができました。そして、泳ぐスピードがおそかった友達に教えてあげると、その友達もスピードを上げることができました。原因をつき止めることで、自分にも友達にもよい効果を得ることができたのです。

　このような体験から、疑問を解決したい時には、まず原因をつき止めて理解し、それをふまえて活用することを大切にしています。

500　400

●解答例

第4章　問題を解く（やってみる）

例題　問題

問題P.49～50

　筆者は、「なぜ」と疑問に思ったことを確かめたり調べたりする時には、何が決定的に重要なのかを見つけ、その理由を明らかにし、結果を再現すること、そしてその「なぜ」を問い続けることが大切だと考えている。

　ぼくも筆者と同じように、「なぜ」と思ったことは納得するまでとことん調べることが大切だと思う。さらに調べること自体を楽しむことも重要だと思う。納得するまで調べずに終わらせたら、結局その疑問は解決されないまま終わるが、楽しむことができれば自然とより深く調べたくなるからだ。むしろ無理に楽しもうとしなくても、疑問がだんだん解決していけばどんどん楽しくなっていく。

　ぼくがまだ低学年の頃のことだ。家の近くの公園でハサミムシを見つけ、変わった形の虫だと思い、その虫の名前も知らないまま時間を忘れてずっと観察していた。母に呼ばれてようやく家に帰ったが、そのあともその虫のことが気になり、夕飯そっちのけで家にある本や図かんをかたっぱしから広げて調べた。その経験により、自分が不思議だと思ったことを納得するまで調べ続ければ、知識が広がると知ることができ、何よりも知ることを楽しめるようになった。

500　400

●解答例

第5章 演習する

演習1 論理的文章が一つの問題① 問題3

問題P.60〜65

　相手のために言ったことが相手を傷つけてしまい、自分が嫌われてしまうことになろうとも、最終的に相手のためになるのであれば、厳しいことであっても言うのが本来のやさしさであると、筆者は述べている。

　私は以前、学校からの帰宅途中に、友人たちと道路でふざけあいながら帰り道を歩いていた。楽しくじゃれ合っていると、知らない人に「道路で遊ぶのは危ないからやめなさい」と、強く注意された。せっかく楽しい気持ちでいるのに、水を差すような言い方をされ、いやな気持ちになったが、強く注意されたこともあり、私たちは無言でその場から立ち去り、その人が見えなくなると、その人の悪口を言い合った。楽しい時間をじゃまするなんて、なんていやな人だと、やさしさのかけらもない人だと、そのときは思った。

　今考えてみると、道路でふざけることで、事故にあってけがをしてしまうことや、最悪の場合、命を落としてしまうことも考えられる。私たちに注意をしてくれた人は、私たちのためを思ってふざけるのをやめさせてくれた、やさしい人だったのだと今なら考えることができる。

500　460

●解答例

第5章 演習する

演習2 論理的文章が一つの問題② 問い二

問題P.73～75

私が、友達の家に向かっているとき、にんちしょうのおばあさんが一人で歩いているのに出会ったことがある。服についていた名札をもとに、その人の家に連れていってあげた。

　そのおばあさんの家の人は喜んでくれて、とても感謝された。そのときの気持ちを「いつも世話でたいへんですが、あなたのように手助けしてくださる方がいてとても助かっています。」「ありがとうございます。」とていねいな言葉で話された。

　このとき、役に立ってうれしいことはもちろん、少し勇気を出せば自分でもできるんだ、もう、ていねい語で話してもらえるんだということを知り、少し大人になった気がした。自分の意志で物事を行うことは、責任も大きくなるが、これから生きていくためには大切なことだと思った。

●解答例

第5章 演習する

演習3 文学的文章（小説）が一つの問題 問三

問題P.82～85

私がこのクラスの一員だったら、まず由香さんのお見舞いに行き、由香さんの様子とみんなで鶴を折ればあと何日で千羽鶴が完成するかをクラスメイトに伝える。みんなが熱心になれない理由は、由香さんのことをよく知らない人が多いことと、鶴を作るより目の前の楽しいことややるべきことを優先させていることだ。由香さんがどんなに一人でがんばっているかを知れば、みんなも応えんしようと思うだろう。また、具体的な日数を設定することで、数日間遊びをがまんすればみんなの応えんを由香さんに伝えられることがわかってもらえると思う。

解答例

第5章 演習する

演習4 文章が複数ある問題 問題1

問題P.92〜94

［文章A］

科学とは新しい仕事に乗り越えられ忘れ去られるものだが、それでも科学者というのは自分が何かを解き明かし、発見するという喜びを感じ、自分自身の頭の中にある世界を表現することができる仕事であると書いている。

［文章B］

科学者は正確で緻密な頭脳、前途を見透す内察や直感という「あたまのよさ」とともに、わかりきったとされることでも当たり前とせず、追求し続ける「あたまのわるさ」がいっそう重要必須だと書いている。

解答例

第5章 演習する

演習4 文章が複数ある問題 問題2

問題P.92〜94

　ぼくは文章Aの作者と同じように、知ることや何かを達成したときの喜びは大きな力になると考える。それはどんなものでもよく、わからなかったことがわかったしゅん間の興奮はだれもわからないとしても、自分にとってはおどろくほど気持ちがよいものだ。

　ぼくは算数が大きらいだった。テストで良い点数が取れず、算数の授業の時間もぼんやりと聞くだけだった。あるとき本屋で見つけた算数の図かんのような本には、「なぜ」と思うものがたくさん並んでいた。ぼくは算数の「なぜ」をわかろうとせずやり方ばかりを知りたがり、点数だけを求めていた。「なぜ」を求めながら勉強することで、ぼくの算数への思いは大きく変わった。

シート類の使い方

本文中にも書いたシート類の使い方です。どちらのシートも基本的な使い方は同じです。

三文／四文トレーニング作文用シート（使用例）

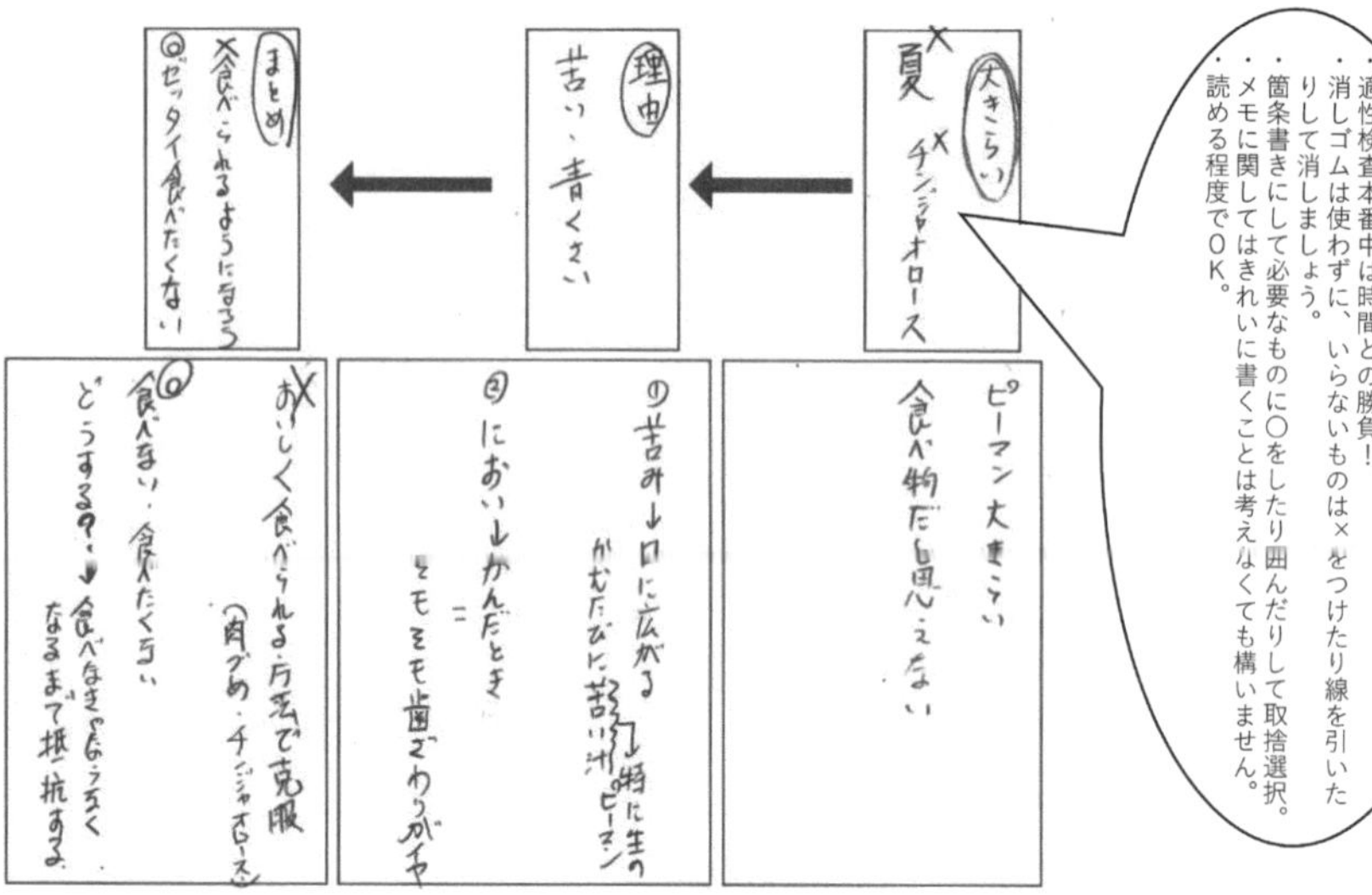
・適性検査本番中は時間との勝負！
・消しゴムは使わずに、いらないものは×をつけたり線を引いたりして消しましょう。
・箇条書きにして必要なものに○をしたり囲んだりして取捨選択。
・メモに関してはきれいに書くことは考えなくても構いません。
・読める程度でOK。

構成メモ作成シート（使用例）

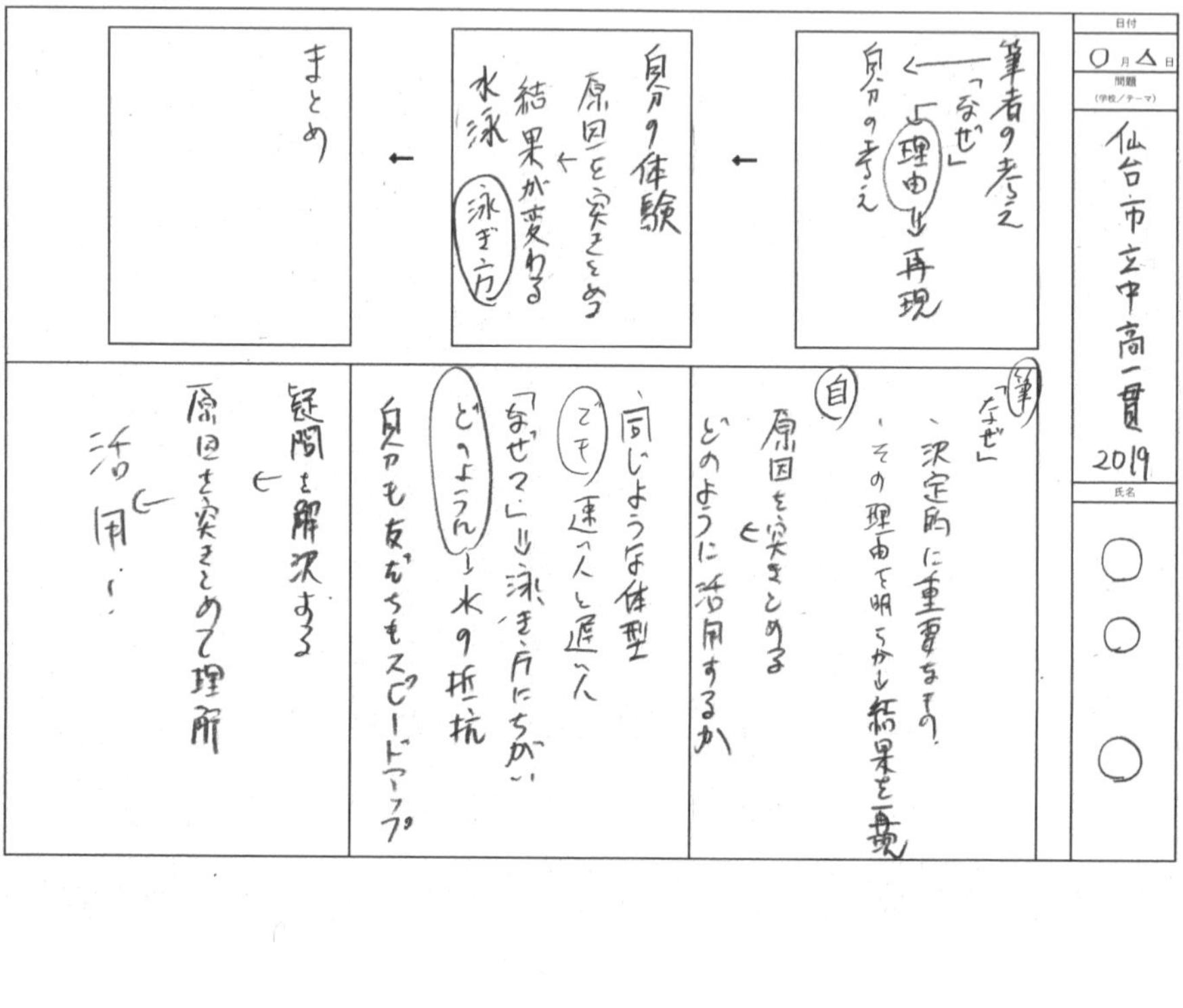

三文／四文作文をもとに作文するのであれば、まずは上の段《だん》にそれぞれの文章を書きましょう。これが段落ごとの小見出しになります。各段落の役割とも言えますね。それができれば、次は下の段へと進みます。上の段のそれぞれの文章の内容に関して思いつくことを下の各スペースに箇条《かじょう》書きで思いつくだけ書きだしていきましょう。次はいろいろと書き出した中から書く内容を選びます。選んだことがらの順番を入れ替えて整理し、文章化していくことで作文を完成させましょう。

構成メモも同じ要領です。上の段には文字数や設問の内容に応じた段落数に合わせて、各段落で書こうと思う内容を書きます。下の段にはそれぞれの段落の中で書こうと思うことを書き出し、順番を決めます。三文／四文作文と同じように、それらを基本文としながら肉づけをしていきましょう。

どちらのシートも文章にして書くのではなく、短いフレーズをメモしていくのがコツです。また、消しゴムは使わず線を引いて消していくことで構いません。あくまでも自分の頭の中にあることを整理するためのものですから、きれいに書こうと思わなくてもよいですよ。

三文／四文トレーニング作文用シート

テーマ：

構成メモ
三段落用

日付	月　日
問題（学校／テーマ）	
氏名	

秋 田 県

〈収録内容〉

便利な DL コンテンツは右の QR コードから ⇒

解答用紙　過去年度　リスニング

※データのダウンロードは 2025 年 3 月末日まで。
※データへのアクセスには、右記のパスワードの入力が必要となります。 ⇒ 667612

〈 各教科の受検者平均点 〉

	数 学	英 語	理 科	社 会	国 語	合計点	100点換算点
2024年度	48.7	49.9	51.9	59.3	67.8	277.6	55.5
2023年度	48.1	60.1	59.3	55.7	63.2	286.4	57.3
2022年度	55.5	54.5	49.1	56.5	64.9	280.5	56.1
2021年度	50.7	52.2	66.8	63.4	61.7	294.8	59.0
2020年度	51.5	58.0	57.0	57.2	58.6	282.3	56.5
2019年度	53.7	49.4	65.0	48.7	63.4	280.2	56.0

本書の特長

POINT 1　解答は全問を掲載、解説は全問に対応！

POINT 2　英語の長文は全訳を掲載！

POINT 3　リスニング音声の台本、英文の和訳を完全掲載！

POINT 4　出題傾向が一目でわかる「年度別出題分類表」は、約10年分を掲載！

実戦力がつく入試過去問題集

▶ 問題 …………… 実際の入試問題を見やすく再編集。

▶ 解答用紙 …… 実戦対応仕様で収録。

▶ 解答解説 …… 重要事項が太字で示された、詳しくわかりやすい解説。
※採点に便利な配点も掲載。

合格への対策、実力錬成のための内容が充実

▶ 各科目の出題傾向の分析、最新年度の出題状況の確認で、入試対策を強化！

▶ その他、志願状況、公立高校難易度一覧など、学習意欲を高める要素が満載！

解答用紙ダウンロード　解答用紙はプリントアウトしてご利用いただけます。弊社ＨＰの商品詳細ページよりダウンロードしてください。トビラのＱＲコードからアクセス可。

リスニング音声ダウンロード　英語のリスニング問題については、弊社オリジナル作成により音声を再現。弊社ＨＰの商品詳細ページで全収録年度分を配信対応しております。トビラのＱＲコードからアクセス可。

famima PRINT　原本とほぼ同じサイズの解答用紙は、全国のファミリーマートに設置しているマルチコピー機のファミマプリントで購入いただけます。※一部の店舗で取り扱いがない場合がございます。詳細はファミマプリント（http://fp.famima.com/）をご確認ください。

UD FONT　見やすく読みまちがえにくいユニバーサルデザインフォントを採用しています。

2024年度/秋田県公立高校一般選抜合格状況(全日制)

○県北

学校名	学科名	募集人員	受検者数	合格者数	実質倍率
花輪	普通	154	117	117	1.00
	産業工学	28	16	16	1.00
大館鳳鳴	普通・理数	193	179	179	1.00
大館桂桜	普通・生活科学	97	103	97	1.06
	機械	35	29	28	1.04
	電気	33	18	20	0.90
	土木・建築	31	32	31	1.03
大館国際情報学院	普通	39	47	39	1.21
	国際情報	46	50	46	1.09
秋田北鷹	普通	123	96	96	1.00
	生物資源	35	37	35	1.06
	緑地環境	35	8	8	1.00
能代	普通・理数	191	127	126	1.01
能代松陽	普通・国際コミュニケーション	104	108	104	1.04
	情報ビジネス	44	45	44	1.02
能代科学技術	機械 電気 建設	94	34	34	1.00
	生物資源 生活福祉	66	39	38	1.03

○中央

学校名	学科名	募集人員	受検者数	合格者数	実質倍率
五城目	普通	79	19	19	1.00
男鹿海洋	普通	35	13	14	0.93
	海洋	33	24	23	1.04
	食品科学	34	5	4	1.25
男鹿工業	機械	27	15	15	1.00
	電気電子	31	11	11	1.00
	設備システム	22	17	16	1.06
秋田西	普通	120	131	120	1.09
金足農業	生物資源	25	27	25	1.08
	環境土木	22	23	22	1.05
	食品流通	26	27	26	1.04
	造園緑地	27	25	25	1.00
	生活科学	32	32	32	1.00
秋田	普通・理数	247	281	247	1.14
秋田北	普通	200	221	200	1.11
秋田南	普通	125	133	125	1.06
秋田中央	普通	175	236	175	1.35
新屋	普通	96	133	96	1.39
秋田工業	機械	43	36	40	0.90
	電気エネルギー	24	27	24	1.13
	土木	23	20	22	0.91
	建築	24	31	24	1.29
	工業化学	23	24	23	1.04
秋田商業	商業	126	174	126	1.38
御所野学院	普通	47	46	45	1.02
本荘	普通	198	173	172	1.01
由利	普通・理数・国際	149	161	149	1.08
由利工業	機械	25	16	16	1.00
	電気	31	6	7	0.86
	環境システム	34	29	31	0.94
	建築	26	30	26	1.15
矢島	普通	60	21	21	1.00
西目	総合	127	73	73	1.00
仁賀保	普通	70	17	17	1.00
	情報メディア	35	15	15	1.00

○県南

学校名	学科名	募集人員	受検者数	合格者数	実質倍率
西仙北	普通	60	4	4	1.00
大曲農業	農業科学	54	60	54	1.11
	食品科学	29	27	27	1.00
	園芸科学	31	31	31	1.00
	生活科学	32	18	18	1.00
太田分校	普通	33	11	11	1.00
大曲	普通	143	128	128	1.00
	商業	29	23	23	1.00
大曲工業	機械	28	18	18	1.00
	電気	60	41	41	1.00
	土木・建築	31	29	27	1.07
角館	普通	167	117	115	1.02
六郷	普通・福祉	103	39	39	1.00
横手	普通・理数	189	198	189	1.05
横手城南	普通	123	115	115	1.00
横手清陵学院	普通	33	18	18	1.00
	総合技術	49	24	24	1.00
平成	普通	65	47	47	1.00
	総合ビジネス	35	21	21	1.00
雄物川	普通	70	14	14	1.00
増田	総合	72	64	64	1.00
	農業科学	28	9	9	1.00
湯沢	普通・理数	158	119	119	1.00
湯沢翔北	普通	28	27	27	1.00
	総合ビジネス	54	48	48	1.00
	工業技術	51	42	41	1.02
雄勝校	普通	40	9	9	1.00
羽後	普通	60	29	29	1.00

(注) 「募集人員」は一般選抜の募集人数。

数学 出題傾向の分析と合格への対策

出題傾向とその内容

〈最新年度の出題状況〉

本年度の出題数は，大問が5題，小問数にして25問であった。出題範囲は中学数学全般から，基礎力を問う問題と思考力を必要とする応用問題が組み合わされて出題されており，バランスのよい構成となっている。

出題内容は，大問1が，数・式，方程式，図形等から中学数学全般の基礎力を問う小問群，大問2は方程式の応用，図形と関数・グラフ，資料の散らばり・代表値，作図，大問3は関数とグラフ，方程式の応用，大問4は規則性，文字を使った式，確率，大問5は平面図形の問題であった。

〈出題傾向〉

問題の出題数は，ここ数年，大問数で5題という問題構成が定着している。

大問1は例年，計算問題を中心とした基本的な数学能力を問う8問の小問群である。数の性質，数・式の計算，文字の式，平方根，方程式の計算・応用，三平方の定理，円の性質，図形の計量等から出題されている。大問2～4は大問1よりも応用力を必要とする6～8問の小問群であり，数の性質と文字式を使った証明，平面図形の計量・証明・作図，場合の数と確率，資料の散らばり･代表値，図形と関数・グラフ，規則性等から出題されている。多少応用力を必要とするが，教科書を中心とした学校の教材をしっかり学習すれば十分解ける問題である。大問5はここ数年平面図形や動点問題が出題されているが，空間図形への準備もしっかりしておこう。

問題数が多く，作図や証明なども含まれており，かなり時間を必要とするものとなっているため，知識や思考力の他に，速さと確実性も必要である。また，選択問題は，内容によって全国でも難易度の高いものであるといえるだろう。

来年度の予想と対策

本年度が出題内容や問題数等に大きな変化がなかったことを考えると，この傾向は来年度以降も続くと考えられる。

出題傾向として，中学数学全般からまんべんなく出題されているので，まず教科書を中心に勉強し，中学数学の基礎固めをしっかりやって，苦手な分野をなくしておこう。

また，問題数が非常に多いので，計算の速さと正確さも身につけておこう。問題を解くときは，考えた経過として，式や図形などを書きとめておく習慣を身につけておくと本番でも見直しがしやすく，ミスも減るだろう。また，作図や証明問題は思考力を要求される問題が多いので，時間配分に気をつけておこう。ただ，基礎力のみでは対応できないものもある。かなり踏み込んだ力も必要になるので，応用問題にもチャレンジしておきたい。とにかく，ゆったりと考える時間はないので，ある程度問題を見て，瞬発的に解いていく力も身につけておきたい。

⇨学習のポイント

・授業や学校の教材を中心に全分野の基礎力をまんべんなく身につけよう。
・過去問や問題集を使って図形と関数・グラフの融合問題や図形の計量問題への対策を立てよう。

年度別出題内容の分析表　数学

出題内容			27年	28年	29年	30年	2019年	2020年	2021年	2022年	2023年	2024年
数と式	数の性質		○	○	○			○	○	○	○	○
	数・式の計算		○	○	○	○	○	○	○	○	○	○
	因数分解											
	平方根		○	○	○	○	○	○	○	○	○	○
方程式・不等式	一次方程式		○	○	○	○	○	○	○	○	○	○
	二次方程式		○	○	○	○	○	○	○	○	○	○
	不等式		○					○			○	
	方程式の応用		○		○	○	○		○	○	○	○
関数	一次関数		○	○	○	○	○	○	○	○	○	○
	関数 $y=ax^2$		○	○	○	○	○	○	○	○	○	○
	比例関数		○	○	○	○	○	○	○	○	○	○
	関数とグラフ		○	○	○	○	○	○	○	○	○	○
	グラフの作成				○			○		○	○	
図形	平面図形	角度	○	○	○	○	○	○	○	○	○	○
		合同・相似	○	○	○	○	○	○	○	○	○	○
		三平方の定理	○	○	○		○	○	○	○	○	○
		円の性質	○	○	○	○	○	○	○	○	○	○
	空間図形	合同・相似		○								
		三平方の定理				○						
		切断								○		
	計量	長さ	○	○	○	○	○	○	○	○	○	○
		面積	○	○	○	○	○	○	○	○	○	○
		体積	○	○	○	○	○	○	○	○	○	○
	証明		○	○	○	○	○	○	○	○	○	○
	作図		○	○	○	○	○	○	○	○	○	○
	動点						○					
データの活用	場合の数											
	確率		○	○	○	○	○	○	○	○	○	○
	資料の散らばり・代表値(箱ひげ図を含む)		○	○	○	○	○	○	○	○		○
	標本調査					○				○		
融合問題	図形と関数・グラフ			○	○				○	○	○	○
	図形と確率											
	関数・グラフと確率					○						
	その他											
その他			○				○		○	○	○	○

―秋田県公立高校―

英語 出題傾向の分析と合格への対策

出題傾向とその内容

〈最新年度の出題状況〉

本年度は大問5題の出題となっている。出題内容は，リスニングテストが大問1題であるが，それ以外は会話文，短文読解，長文読解と多岐にわたっている。

リスニングテストでは，英文の内容に合う絵を選ぶ問題，会話に対する応答を選ぶ問題，会話の内容についての質問に答える問題，会話を聞いてその内容について適切なものを選ぶ問題，英語の質問について自分自身の答えを英語で書く問題が出題された。昨年度の配点は100点中の25点であったが，今年度は20点になった。

短文読解は，語句補充，語形変化，英問英答，条件英作文による出題であった。

会話文形式の読解問題は，語形変化，語句補充，メモを見て答える問題，文の挿入，内容把握問題などであった。長文読解問題は，語句補充，語句の解釈，内容真偽，日本語で答える問題などが出題された。

文法については読解問題の中で問われている。

幅広い文法事項と問題形式をカバーしており，総合力を問う出題だったと言える。

〈出題傾向〉

出題傾向に変化があるものの，基本的な方針は変わっていない。

リスニングは分量・内容ともに標準的なものである。今年度は聞いた内容から英文を書く問題がなくなり，すべて選択形式の設問となった。

会話文形式の問題は読解中心ではあるが，独立した文法問題があるため，文法知識もおろそかにしてはならない。英文の完成や，英問英答問題など，英文を書く問題も多い。文法力を上げることは英作文対策にもなる。

読解問題では幅広い形式の小問が出題されるが，語句，英文，日本語ともに「書く」タイプの問題がやや多い。文量の少ない短文読解が出題されるのも特徴である。

来年度の予想と対策

リスニングテストの対策としては，音声を利用して英文を聞き慣れることが第一である。聞きながらメモを取る練習をすることも必要である。

出題の中心は会話文形式のものを含めた読解問題である。まずは，文法の重要事項を問題集などで身につけ，その知識を生かして短い英文を正確に読み，最終的にまとまった内容の英文へと進むべきであろう。

また，出題形式が多様なので，注意深く問題を読み実際に解答する練習も必要である。さまざまな形式の問題を解いておくとよいだろう。

英作文では，自分が伝えたいことを英文にする練習が効果的であろう。ただし，近年では文脈に従って書くものも出題されているので，そのような問題にも慣れておくこと。

⇨学習のポイント

- 中学校3年間で学習する文法知識を身につけ，それを使った英作文の練習をしよう。
- 中心となる読解問題は，多様な形式の問題に数多く触れよう。

年度別出題内容の分析表　英語

		出題内容	27年	28年	29年	30年	2019年	2020年	2021年	2022年	2023年	2024年
設問形式	リスニング	絵・図・表・グラフなどを用いた問題	○	○	○	○	○	○	○	○	○	○
		適文の挿入	○		○	○	○	○	○	○	○	○
		英語の質問に答える問題	○	○	○	○	○	○	○	○	○	○
		英語によるメモ・要約文の完成	○	○		○	○					
		日本語で答える問題			○							
		書き取り										
	語い	単語の発音										
		文の区切り・強勢										
		語句の問題	○		○	○	○	○	○	○	○	○
	読解	語句補充・選択（読解）	○	○	○	○	○	○	○	○	○	○
		文の挿入・文の並べ換え	○	○			○	○	○	○	○	○
		語句の解釈・指示語	○	○	○	○	○	○	○	○	○	○
		英問英答（選択・記述）	○	○	○	○	○	○	○	○	○	○
		日本語で答える問題	○	○	○	○	○	○	○	○	○	○
		内容真偽	○	○	○	○	○	○	○	○	○	○
		絵・図・表・グラフなどを用いた問題		○	○	○	○	○	○	○	○	
		広告・メール・メモ・手紙・要約文などを用いた問題		○	○	○						○
	文法	語句補充・選択（文法）	○	○			○	○	○	○	○	○
		語形変化			○	○	○	○	○	○	○	○
		語句の並べ換え	○	○	○	○	○	○	○	○	○	○
		言い換え・書き換え										
		英文和訳										
		和文英訳										
		自由・条件英作文	○	○	○	○	○	○	○	○	○	○
文法事項		現在・過去・未来と進行形	○	○	○	○	○	○	○	○	○	○
		助動詞		○	○	○		○	○	○	○	○
		名詞・冠詞・代名詞	○				○	○	○	○	○	○
		形容詞・副詞	○			○	○	○	○	○	○	○
		不定詞	○	○	○	○	○	○	○	○	○	○
		動名詞		○	○	○	○	○	○	○	○	○
		文の構造（目的語と補語）		○	○	○	○			○	○	○
		比較	○	○	○	○		○	○	○	○	○
		受け身	○	○	○	○	○	○	○	○	○	○
		現在完了			○	○	○	○	○	○	○	○
		付加疑問文									○	
		間接疑問文		○						○		
		前置詞	○		○					○	○	
		接続詞	○	○		○		○	○	○	○	○
		分詞の形容詞的用法	○	○		○	○	○	○			○
		関係代名詞		○	○	○	○	○	○	○	○	○
		感嘆文										
		仮定法										○

— 秋田県公立高校 —

理科　出題傾向の分析と合格への対策

出題傾向とその内容

〈最新年度の出題状況〉

大問1は生物で，ハチュウ類の体表の文章記述，動物Xが何類か特定，始祖鳥から進化の考察，大問2は化学で，イオンの化学式，ろ過の操作図，ろ液の冷却では塩化ナトリウムの結晶が生じない理由の文章記述と蒸発で結晶が生じたときの濃度の計算，有機物の燃焼，大問3は地学で，冷夏をもたらす「やませ」の原因を天気図から考察，「梅雨明け」がおきる理由の文章記述，大問4は物理で，斜面上で角度をもってはたらく2つの力で台車を引く実験，大問5は総合問題で，石灰岩とチャートの見分け方，ヒトの肺の動きのモデル実験・細胞の呼吸，大問6も総合問題で，金属共通の性質と密度，並列回路に流れる電流・電力量等の出題があった。基本的な実験・観察，身近な体験からの出題であり，実験方法，探究の道すじ，解答を導き出す過程などの記述問題が多く，科学の方法重視であった。

〈出題傾向〉

毎年，各学年の第一分野・第二分野からバランスよく出題される。3年間の複数単元からの総合問題も出題される。一つのテーマについて，いくつかの実験や観察から調べていきデータ(資料)を分析して判断し，考察して結論を得て総合的に活用して解く問題である。日常生活における科学をテーマとした自由研究の形式での出題もある。探究の道すじを重視した出題が多く，実験・観察の操作，実験計画，解答を導き出す過程について問う問題やデータから考察する問題が多い。資料を読み解き考察する問題も出題される。教科書に出ている標準的なものが中心であるが，基礎的・基本的内容を活用して解く応用発展的な問題が見られ，読解力，科学的思考力や判断力，表現力などが試される。毎年，文章記述問題の出題が特徴となっていて，解答を導く過程の記述問題も求められる。図解，作図，グラフ化，モデル化，化学式，化学反応式，イオン式，計算，など解答方法は多岐にわたる。

物理的領域　大問の中心は，6年は斜面上で角度をもってはたらく2つの力で台車を引く実験，電力量，5年は動滑車の実験・位置エネルギー・仕事率，エネルギー変換，4年は浮力と重力と弾性力の実験と水圧，3年はコイルと磁石による電磁誘導と検流計，右ねじの法則，電力量であった。

化学的領域　大問の中心は，6年はイオンの化学式，ろ過，NaClの結晶が生じる濃度，有機物，5年は水素の燃焼実験・化学反応式と原子・分子モデル，バイオマス発電，4年は蒸留実験と密度，$NaHCO_3$の分解と質量比，3年は酸・アルカリ，中和実験とイオン，金属の燃焼と質量比であった。

生物的領域　大問の中心は，6年は生物の種類の多様性と進化，動物の特徴と分類，ヒトの肺のモデル実験，5年はだ液の消化の対照実験・タンパク質の消化吸収・小腸のつくり，4年は細胞の観察，体細胞分裂，光合成，細胞の呼吸，無性生殖，3年は植物の特徴と分類，刺激と反応であった。

地学的領域　大問の中心は，6年は天気図から停滞前線とやませ・梅雨明け，堆積岩，5年は地震発生のしくみ・初期微動継続時間・緊急地震速報，夏至の太陽の日周運動，4年は空気中の水蒸気量，雲のでき方，望遠鏡での月，3年は火山灰，露頭の観察と柱状図，公転と夜の長さであった。

来年度の予想と対策

探究活動や日常生活や社会と関連する内容重視，複数単元にわたる総合問題など，基礎を踏まえた上での考察，解答を導く過程の記述など長い文章での解答を求める傾向は，今後も同様と思われる。

教科書を丁寧に復習しよう。日頃の授業では，実験・観察，資料の活用など探究の道すじは，図や表，グラフ化など分かり易く表現し，考察は結果に基づいて自分で文章を書く習慣を身につけよう。

⇨学習のポイント

- 過去問題を多く解き，「何を問われるのか，どんな答え方をすればよいのか」を把握しておこう。
- 教科書の図，表，応用発展，資料が全てテスト範囲。中学理科の全体を総合的に理解しよう。

年度別出題内容の分析表　理科

※★印は大問の中心となった単元

分野	学年	出題内容	27年	28年	29年	30年	2019年	2020年	2021年	2022年	2023年	2024年
第一分野	第1学年	身のまわりの物質とその性質	○	○	○			○		○	○	○
		気体の発生とその性質		★	○	○		★	○		○	○
		水溶液	○				★	○				★
		状態変化	★		○	○	○			★		
		力のはたらき(2力のつり合いを含む)	○			○	○	○		○		○
		光と音				○		○	○	○		
	第2学年	物質の成り立ち		○	○		○			○	○	
		化学変化，酸化と還元，発熱・吸熱反応	○		○	○		○	○		★	
		化学変化と物質の質量				★		○	○	○	○	
		電流(電力，熱量，静電気，放電，放射線を含む)	★	★	○	○	★		○			○
		電流と磁界				○			★		○	
	第3学年	水溶液とイオン，原子の成り立ちとイオン			○							
		酸・アルカリとイオン，中和と塩			★				★			
		化学変化と電池，金属イオン										
		力のつり合いと合成・分解(水圧，浮力を含む)	★	○	○	★		★		★		★
		力と物体の運動(慣性の法則を含む)			★			○				
		力学的エネルギー，仕事とエネルギー			○		○				★	
		エネルギーとその変換，エネルギー資源	○			○					○	
第二分野	第1学年	生物の観察と分類のしかた	○									
		植物の特徴と分類			○	○		○	★	○		
		動物の特徴と分類									○	○
		身近な地形や地層，岩石の観察			○				○			○
		火山活動と火成岩	★						○			
		地震と地球内部のはたらき					★				★	
		地層の重なりと過去の様子			★				★			○
	第2学年	生物と細胞(顕微鏡観察のしかたを含む)								★		
		植物の体のつくりとはたらき	○	○	★	○		○	○	○		
		動物の体のつくりとはたらき			★	○		★	○	○	★	○
		気象要素の観測，大気圧と圧力	○		○	○						○
		天気の変化	○	○	○	○				★		○
		日本の気象		★		○	★					★
	第3学年	生物の成長と生殖		★		★				○		
		遺伝の規則性と遺伝子		○			★			○		
		生物の種類の多様性と進化					○					★
		天体の動きと地球の自転・公転		★		★		○	○		○	
		太陽系と恒星，月や金星の運動と見え方				○		★		○		
		自然界のつり合い	★									
自然の環境調査と環境保全，自然災害						★					○	○
科学技術の発展，様々な物質とその利用			○	○		○		○		○	○	
探究の過程を重視した出題			○	○	○	○	○	○	○	○	○	○

―秋田県公立高校―

社会

出題傾向の分析と合格への対策

出題傾向とその内容

〈最新年度の出題状況〉

本年度の出題数は大問4題，小問38題であった。解答形式は，記号選択が18問，語句記入は10問であった。また，短文記述が10題出題されている。大問は，日本地理1題，世界地理1題，歴史1題，公民1題となっており，各分野からバランスよく出題されている。

地理的分野では，略地図・雨温図・グラフ・表などを用い，諸地域や諸国の特色・地形・気候・産業などを問う問題が出題されている。

歴史的分野では，生徒のレポートを題材とし，略年表やグラフ・表・史料・絵などを用いて，各時代の政治・経済・社会・外交などが出題されている。弥生時代から現代まで，幅広い時代が出題されている。世界史も出題されている。

公民的分野では，生徒のレポートを題材とし，模式図・表・グラフなどを用いて，政治・経済一般・国の政治の仕組み・裁判・環境問題などについて問う問題が出題されている。

〈出題傾向〉

出題内容は，基礎知識を問う問題が中心で，使用語句指定の記述問題も出題されており，考察力や表現力も求められている。

地理的分野では，日本の地理・世界の地理に関して基本事項を幅広く問う内容となっている。また，短文記述を通して，各種統計資料から読み取れるものと基本事項を結びつける力を確認する出題もされている。

歴史的分野では，わが国の政治・社会・外交・文化というテーマで出題することにより，各時代の特徴の把握の度合いを確認している。また，短文記述を通して，理解の深さを問う出題もされている。世界史のできごととの関係を問う問題もある。

公民的分野では，憲法・政治・経済一般・国際社会・裁判等を軸にして，今日の問題に対する理解の程度を問う内容となっている。

来年度の予想と対策

来年度も，出題数・出題内容ともに大きな変化はなく，記号選択や語句記入の問題が大部分を占めると思われる。基礎知識を問う問題が中心なので，教科書内容を中心に整理しよう。表・グラフなどから特色や傾向を読み取り，簡潔な文でまとめる練習も必要である。

地理的分野では，基礎知識のほかに，地図・グラフ・表などの資料を見て，諸地域・諸国の特色・産業・貿易・地形・気候等についてまとめる練習をしておくことが必要である。

歴史的分野では，教科書・年表・図説を用いて，政治・外交・社会・文化がそれぞれどのように結びついているかをよく理解しておく必要がある。

公民的分野では，政治・経済・地方自治・国際社会についての基礎知識を習得することはもちろん，教科書による学習だけでなく，テレビのニュースや新聞などで今日の日本・世界の問題にも備える必要があるだろう。

⇨学習のポイント

- 地理的分野では，教科書の基礎的事項を整理し，統計資料や地図の読み取り力をつけよう！
- 歴史的分野では，教科書で基礎的事項を整理し，略年表の問題に慣れておこう！
- 公民的分野では，教科書の基礎的な用語を確実に押さえ，時事的問題とも関連づけよう！